浙江少年文学新星丛书·第九辑　　海飞　主编

风禾尽起

〈弘毅少年　著〉

浙江工商大学出版社
ZHEJIANG GONGSHANG UNIVERSITY PRESS

·杭州·

图书在版编目(CIP)数据

风禾尽起 / 弘毅少年著. —杭州:浙江工商大学
出版社,2024.5
(浙江少年文学新星丛书 / 海飞主编. 第九辑)
ISBN 978-7-5178-6008-2

Ⅰ. ①风… Ⅱ. ①弘… Ⅲ. ①作文—小学—选集
Ⅳ. ①H194.4

中国国家版本馆 CIP 数据核字(2024)第084424号

风禾尽起
FENG HE JIN QI

弘毅少年 著

责任编辑	沈明珠	
责任校对	韩新严	
封面设计	潘　洋	
责任印制	包建辉	
出版发行	浙江工商大学出版社	
	(杭州市教工路198号　邮政编码310012)	
	(E-mail:zjgsupress@163.com)	
	(网址:http://www.zjgsupress.com)	
	电话:0571-88904980,88831806(传真)	
排　版	杭州朝曦图文设计有限公司	
印　刷	杭州高腾印务有限公司	
开　本	880mm×1230mm　1/32	
印　张	9	
字　数	144千	
版印次	2024年5月第1版　2024年5月第1次印刷	
书　号	ISBN 978-7-5178-6008-2	
定　价	49.80元	

作者简介

　　林施墨,就读于浙江省绍兴市鲁迅小学人民路校区六年级(2)班,性格活泼开朗,在演讲、主持类大赛上经常能看到她的身影。她学习刻苦,热爱阅读,具有强烈的求知欲,真所谓"动如脱兔,静如处子"。

　　"黑发不知勤学早,白首方悔读书迟"是她的座右铭。她明白读书可以提高人的素养,所以她把读书变成了生活的一部分,多年来一直坚持写作,曾获全国青少年冰心文学大赛省级复评特等奖、全国青少年冰心文学大赛省级一等奖、"语文报杯"中小学生主题征文大赛一等奖、浙江省少年文学之星征文比赛小学组特等奖、小学生课内作文大赛一等奖,多篇文章刊登在《绍兴日报》《绍兴晚报》和《少年文学之星》等报刊上。

　　"读书破万卷,下笔如有神",相信在以后的日子,书香会伴随她一路远行。

　　楼奕汝,就读于浙江省绍兴市鲁迅小学六年级(2)班。学习上,她非常自律,从一年级开始,就自己写作业,自主管理学习;生活上,她喜欢独处,亦喜欢广交朋友。她兴趣爱好广泛,喜欢街舞、画画、演讲、主持。2018年,在绍兴市"我与人民防空"少儿主题朗诵比赛中荣获一等奖;2020年,在鲁迅小学教育集团第二届科创节Cosplay秀项目评比中,荣获一等奖;2020年,在第十五届全国青少年冰心文学大赛省级复评中荣获一等奖;2021年,在鲁迅小学教育集团第三届科创节科幻画项目评比中,荣获一等奖;2021年,绍兴市新闻传媒中心聘请她做《小兰花》栏目主持人,后来她还主持了绍兴电视台的春节晚会,主持了纪念鲁迅先生诞生140周年的文艺会演;2021年,全省选拔50名亚运小记者,10050名小学生参与竞选,她竞选成功;2023年,在绍兴市中小学生街舞比赛中,她蝉联第二名;2023年,在第十八届全国青少年冰心文学大赛浙江省征稿活动中,她的作品《母爱如山》被评为一等奖。

　　孟梓睿,就读于浙江省绍兴市树人小学六年级(4)班,是一个性格开朗、品学兼优的男生,也是班级的副班长兼英语课代表,校十佳书香少年。他课外时间喜欢阅读写作、打羽毛球、练硬笔字,梦想成为一名童话作家。他曾在全国青少年冰心文学之星评比中获得"十佳文学之星"称号。作品曾获第十五届、第十六届、第十七届全国青少年冰心文学大赛省级一等奖,在第十八届全国青少年冰心文学大赛浙江省征稿活动中被评为一等奖,作品《一份勇敢的答卷》在第二十三届"语文报杯"中小学生主题征文活动中被评为优秀作品,作品《梅之品格》在第二十一届"新作文杯"中小学生放胆作文大赛中获小学组一等奖,作品《有勇有谋才会胜利》刊登在《少年文学之星》上。"路曼曼其修远兮,吾将上下而求索",加油,少年,朝着自己的理想奋勇向前吧!

　　任奕垚,就读于浙江省绍兴市兰亭中心小学六年级(1)班,是一个活泼开朗、勤奋好学的少年,喜欢绘画、书法、阅读与写作。平时积极参加各类比赛活动,并取得了优异的成绩。曾获第二十一届"新作文杯"中小学生放胆作文大赛小学组一等奖、第十八届全国青少年冰心文学大赛省级一等奖、第十六届浙江省少年文学之星征文比赛小学组二等奖、第二十四届"语文报杯"中小学生主题征文大赛小学组铜奖,并有多篇作品发表在《新作文》上,另外,《书法教育》杂志还刊登过他与书法的故事《幽幽墨香　伴我成长》。"路虽远,行则将至;事虽难,做则必成",是啊,只有付出努力,才能创造新的奇迹,开拓新的蓝图!

　　孙琪,就读于浙江省绍兴市蕺山中心小学六年级(4)班,是一个活泼开朗的女生,闲暇之时常常宅在家中,看看书,用知识充实自己,或者画一幅展现自己风格的画作。作品曾获2021年"节水绍兴　你我同行"征稿大赛小学组文章类三等奖、第二十一届"新作文杯"中小学生放胆作文大赛小学组优秀奖、第十五届全国青少年冰心文学大赛浙江省复评特等奖、第十六届全国青少年冰心文学大赛省级预选一等奖、第十七届全国青少年冰心文学大赛省级预选一等奖、第十八届全国青少年冰心文学大赛省级预选二等奖。"宝剑锋从磨砺出,梅花香自苦寒来",唯有为自己的目标坚持奋斗,才能与成功撞个满怀,加油!

　　王泽瑜，就读于浙江省绍兴市蕺山中心小学六年级(2)班，是一个幽默风趣的男生，平时热爱阅读，喜欢旅行。总是喜欢带着十万个为什么畅游在书海中，还喜欢带着书中的疑问用足迹去寻求答案，把知识与实践探索相结合。阅读是一种知识养分的汲取，而写作是以汲取的养分润泽以后的输出，小学六年他有过十万字以上的输出。曾在全国青少年冰心文学之星评比中获"十佳文学之星"称号。作品曾获浙江省第十一届小学生课内作文大赛一等奖，第二十四届"语文报杯"中小学生主题征文大赛小学组金奖，第十四届、第十六届、第十七届和第十八届全国青少年冰心文学大赛省级预选一等奖，"有家杯"第十五届浙江省少年文学之星征文比赛小学A组优秀奖。作品多次发表在《绍兴晚报》《生活周刊》《少年文学之星》《新作文》等报刊上。"路曼曼其修远兮，吾将上下而求索"，脚踏实地，一步一个脚印，向着自己的人生目标起航吧！

　　周家路,就读于浙江省绍兴市鲁迅小学六年级(7)班,是一个充满好奇心的男孩,节假日喜欢去各个地方领略异域风情。闲暇时,喜欢在知识的海洋里遨游,用学习充实自己。作品曾获第二十一届"新作文杯"中小学生放胆作文大赛小学组优秀奖,第十六届、第十七届全国青少年冰心文学大赛省级预选一等奖,第十八届全国青少年冰心文学大赛浙江省征稿活动一等奖。"宝剑锋从磨砺出,梅花香自苦寒来",唯有不断历练进步,才能立足于这个社会,加油!

　　赵彤晞,就读于浙江省绍兴市鲁迅小学六年级(2)班。兴趣爱好广泛,喜欢写作、运动、看书、写字,是一个爱笑、大大咧咧、善解人意、活泼开朗的女孩。作品曾获第十六届、第十八届全国青少年冰心文学大赛省级预选一等奖,"有家杯"第十五届浙江省少年文学之星征文比赛小学 A 组优秀奖,第二十一届、第二十二届"新作文杯"中小学生放胆作文大赛小学组三等奖。作品入编《全国青少年冰心文学大赛优秀作品选》,并且有多篇作品在报纸、杂志、网络上发表。"学如逆水行舟,不进则退",学习如赶路,不能慢一步。华罗庚说过:"聪明在于学习,天才在于积累。"她坚信,并非所有的努力都能换来成功,但成功的确是辛勤汗水的结晶。努力学习总会成功,为了梦想和目标,加油!

▲林施墨在绍兴城市广场

▲林施墨踏青　▲林施墨在王阳明故居

▼林施墨在兰亭参加书画活动

▲ 施墨在周恩来祖居

▲楼奕汝在绍兴电视台2021年春节晚会上做小主持人

▶楼奕汝（右）作为电视台《小兰花》栏目小主持人主持节目

▶楼奕汝在2018年绍兴市少儿主题朗诵比赛中获一等奖

▲楼奕汝参加亚运小记者颁奖典礼

▲2021年楼奕汝担任"纪念鲁迅诞辰140周年文艺汇演"主持人

▲2019年10月孟梓睿十岁留影

◀2021年5月孟梓睿
在书店

◀2021年9月孟梓睿
在校内比赛中获绘画
一等奖、演讲二等奖

▶2023年3月孟梓睿
展示素描作品

▶2023年8月孟梓睿
在舟山游玩

▲任奕垚在学校写书法作品

▲任奕垚在学校练习绘画

▼任奕垚在户外准备写生

▲任奕垚在书房阅读

▲任奕垚在厦门植物园游玩

◀孙琪在水上乐园

▲2017年孙琪第一次爬长城

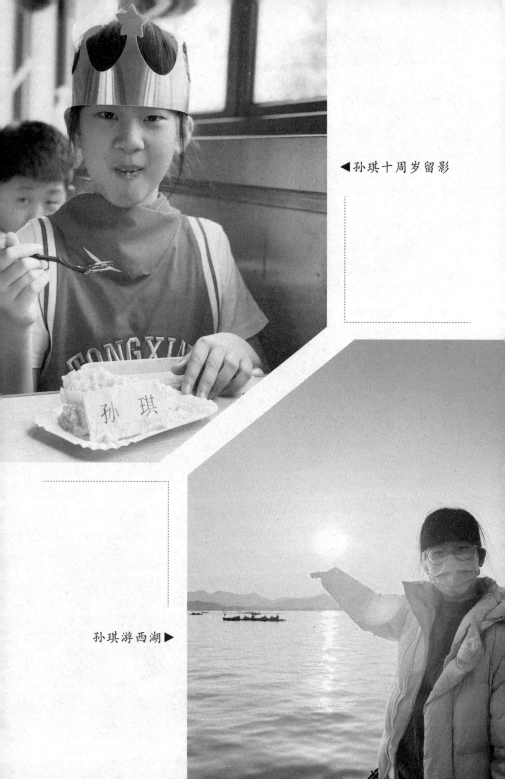

◀孙琪十周岁留影

孙琪游西湖▶

▲2018年孙琪主持幼儿园毕业晚会

▲2022年10月王泽瑜与人生最爱——乐高

▲2023年2月王泽瑜在杭州国家版本馆

▲2022年12月王泽瑜打篮球

▲2023年3月王泽瑜参加校运动会

▲2023年4月王泽瑜遛狗

▲周家路在广州滑雪

◀周家路在绍兴黄酒小镇

◀周家路在上海迪士尼乐园

◀周家路参加军训

周家路体验飞行▶

◀赵彤晞七岁留影

2018年1月赵彤晞游厦门大学▶

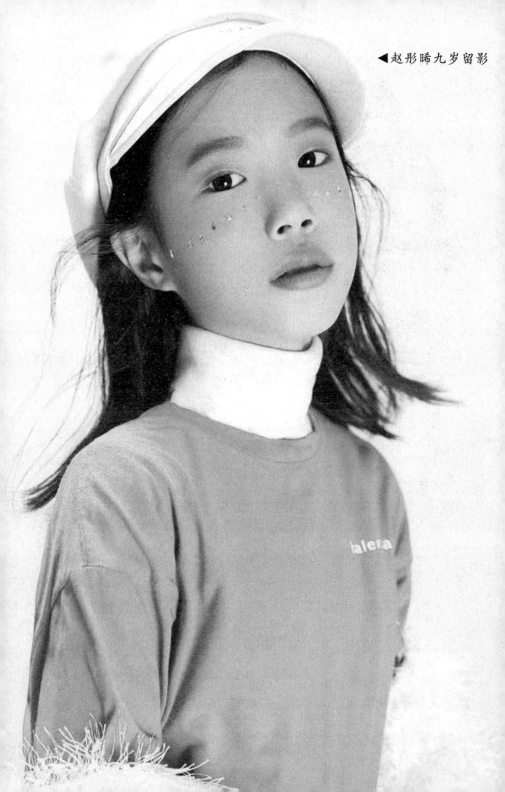

◀赵彤晞九岁留影

◀2022 年 8 月赵彤晞游温州，
感受当地风情

▶2023 年 8 月赵彤晞游珠海，
感受祖国的大好河山

内容简介

《风禾尽起》这本作文集，记录了八位少年的心路历程。尽管他们没有气势磅礴的文风，尽管文字还略带稚嫩，尽管所见所闻略带局限，但真实地抒写了他们的所思所想，记录了他们的成长，以及他们经历的每一次失败、每一次成功、每一次挫折、每一次奋起……与美景邂逅，与同学结为挚友，与父母冰释前嫌，往事如片片飞扬的柳絮，夹带着和煦的春风扑面而来。

若你有心翻开这本文集，用心去体悟这些鲜活的文字，你的内心肯定会有感同身受的触动，你的情绪也会被真挚的心灵所感染，你会发现孩子们所写的每一个字都在阳光下熠熠生辉。

这是孩子对往昔岁月的一次珍贵的巡礼，也是对美好童年的一次记录，更是在为再一次出发积蓄力量。

何其有幸，我们成为他们每一次绽放的见证人。

目　录

林
施
墨

我失信了

古人云："人而无信，不知其可也，大车无𫐐，小车无𫐐，其何以行之哉！"由此可见，诚信是多么重要。然而有一天，我却失信了。

那是一个阳光明媚的下午，我答应给兴趣班的好朋友果果一支好看的笔，当作她送我小东西后的一个小回礼。那时，她开心极了，笑得好似花儿那般娇艳美丽，说道："好呀，好呀，那你可不要忘了呀！"我郑重其事地点了点头。

可到了第二天，我出门后才记起这件事，心想：哎呀，我答应给果果的笔忘拿了！算了，算了，来来回回都是时间，等会儿要是上课迟到了就完蛋啦！等会儿跟果果解释一下，她应该不会不高兴或者生气吧。到了上课的地方，我走上楼，果果一看到我，就急跑一阵来到我身边，她询问我："林施墨，我的那支笔带了吧？"我尴尬而又不好意思地说："对……对不起，我今天早上出门后才记起来，我怕来来回回会迟到，所以没有回去帮你拿来，对不起。"瞬时，果果脸上那灿烂的笑容消失了，变成了勉勉强强，让人能明显感受到她不开心了。那时我的心七上八下，生怕她会和我绝交，同时也不禁懊悔，自己的记性怎能这么差呢，把答应果果的事都忘了！但她却说："啊？这样啊，没……没事，那你明天带来给我吧。"

　　她说完就回到位置上，认认真真地看书了。那时我很自责，内心懊恼了好一阵。到了下课，原来会和我一起走下楼，一起回家的果果，今天却自己一个人理完书包，看都不看我一眼，一个人下楼梯回家了。那时我尝到了失信的酸涩的滋味，心里像被一支箭穿透了一般，非常痛。

　　到了晚上该上床睡觉的时候，我还很自责。"言必信，行必果"，我永远都忘不了果果突变的脸色，也永远都忘不了这次失信的滋味。在以后的日子里，我再也不敢失信于人，诚信是我们立身于世最重要的品质呀！

塔山游

　　前几天,柯老师在课堂上宣布,星期五要举行秋游,地点是拥有悠久历史古塔的塔山。听到这消息,我心里乐开了花。在阳光明媚的秋日里游玩,能不让人激动吗?我盼着这一天早点到来!

　　塔山公园依山而建。我刚进塔山公园,就看到一棵棵高大的树直入云天,阳光透过婆娑的树叶,斑驳地洒落下来。顽皮的秋风吹过,金黄的树叶便像一只只长着翅膀的小蝴蝶,纷纷离开大树妈妈的怀抱,轻轻地落在地上;不知名的鲜艳野花躲在草丛中,眨着眼睛,像是在跟秋风捉迷藏;小草脱下了绿衣裳,换上了淡淡的黄色的秋装。偶尔一只蚂蚱无声而迅速地飞起,又悄无声息地落到对面的草丛中,那么静谧,那么美好!

　　我们听着潺潺的小溪声,走过一片茂林修竹,来到了一片宽敞的草坪。我们分组围坐在一起,边聊天边分享彼此的零食,还把自己知道的趣事说给同学们听,我们的欢声笑语在空中回荡。休息了一会儿,我们便去看古老的应天塔。一路上到处都是茂盛的大树、多姿多彩的小花小草和那活泼调皮的昆虫。山上的空气特别清新,让人心旷神怡。一路上有许多老爷爷老奶奶，他们有的在散步，有的在打太极，还有的在爬山，都兴致勃勃、精神抖擞！

我们一路欣赏秋日特有的美景，一路攀爬，很快就来到了应天塔。它建于晋末，于宋代时重建，又于明嘉靖年间续修，已经有非常悠久的历史了。应天塔是在唐代得名的，在1909年不慎着火。一场火后，原本气魄雄伟的建筑，变成了一个"骨架子"，好像风一吹就会变成无数碎片。你一定很奇怪：都成架子了，还能爬吗？那是因为在1984年政府部门出钱重建了应天塔。现在应天塔第一层的楼梯是在侧边的，走上去的时候可要小心点。到了第二层，我们就要走木梯。木梯不像石梯，它又窄又小，木板与木板之间的间隔又大，很难上去。一直到第七层，我们到了平台上，歇一歇，吹吹风，抬眼望去，绍兴的美景一览无余。仔细聆听一下，说不定还可以听到歌声和鸟声呢！

秋游的时间似乎过得特别快，我们马上就要离开了，真有些不舍呢，来时带着对它的期待，去时带着对它的依恋，这美丽的塔山公园给我们的秋游抹上了特别靓丽的色彩，我们一定后会有期！

糯米鸡蛋糊

　　一个星期六,我请求妈妈教我做鸡蛋饼。妈妈看我一副馋猫相,只好笑着答应了:"既然你那么想学,那今天我就来教教你怎样来做那香喷喷、极其美味的鸡蛋饼。"我一边欢呼着,一边跑去拿鸡蛋和面粉,恨不得自己现在就做上一个,一饱口福。

　　开始了,开始了! 我学着妈妈的样子,先拿出勺子舀了两勺面粉放入碗中,再打鸡蛋,然后倒一些凉开水,最后用勺子不停地搅拌,直到它们变成稠糊状为止。接着,我把这些搅拌好的鸡蛋糊均匀地倒入热油锅中,不一会儿,香气就扑鼻而来。嗯? 等等,这是什么味道? 啊! 原来是我的鸡蛋饼焦了啊! 算了算了,重新做一个吧,重复之前的步骤。嗯? 有个小鸡蛋壳。嘿! 我夹。没夹到? 没关系,没关系,嘿! 我再夹,还是没夹到……经过多次努力,我终于将这个小鸡蛋壳夹了出来,第二碗鸡蛋糊总算是做出来了。好! 下热油锅! 我用舌头舔舔嘴唇,渴望鸡蛋饼快点熟,让我好好享受这美味。

　　在妈妈的解说下我才得知,刚刚是因为我没有及时翻面,鸡蛋饼才焦了。听到这,我赶紧将饼翻了个身,我可不想再像上次一样了。香味越来越浓,直往我的鼻孔里钻,我不停地咽下那一股股不断往上涌的口水,生怕一不小心我的口水就"飞流直下三千尺,疑是银河落铁锅"了。

我又将饼翻了几次面,将它盛了出来。嗯,真香啊!"可是为什么变成了鸡蛋糊?"我十分疑惑。妈妈看了一眼,又尝了一口,哭笑不得:"你是不是拿成糯米粉了?"我看了一眼放在一旁的糯米粉,尴尬地回答:"嗯……是的。"

我自己也尝了一口:"妈妈!我觉得这糯米鸡蛋糊貌似比鸡蛋饼还好吃呢!"原本怀着疑惑的我竟然快乐地把它吃完了!

这就是我新学的一项技能,但是它被我改成了一个属于我自己的新菜——糯米鸡蛋糊。

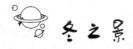 冬之景

　　冬天，虽然不像春天那样到处隐含着勃发的生命，不像夏天那样生灵尽显风姿，展示自己的潇洒，不像秋天那样果实累累，落叶不断，但却有着那神秘而又洁白的梦。

　　冬天，万物沉睡，连路旁的花草都在渐渐衰落。难道不是吗？路旁，只见一棵棵干巴巴的树，不再有行人在下面乘凉、嬉戏，也不再像以往那样枝繁叶茂，蝉儿齐鸣。一旁的花儿也不再拥有蓬勃的生命，一个个都无力地垂下了头，折断了美丽的腰肢，只有那"凌寒独自开"的梅花傲然挺立着。

　　冬天的景色属于风。它起初像一缕缕轻烟，缓缓上升，轻轻地拍打着地面，想边拍节奏边唱歌。它还轻轻地摇曳着纤细的树枝，帮忙摘下树上最后一片树叶。

　　冬天的景色属于霜。清晨起床一看，玻璃窗上布满了霜花。它们形状各异、千姿百态，勾画出一幅幅精美的图案。看，这上面的那朵像什么？像一棵苍翠挺拔的树，地上还开满了美丽的花朵。不，又觉得更像海底世界，一团团海藻在自由摇曳。

　　冬天的景色属于雪。朵朵雪花漫天飞舞，不一会儿，整个世界就变得银装素裹。雪花挂满了树枝，光秃秃的树枝就

变成了银条。雪花飞进小河,河面就蒙上了白纱。雪花落到田野,给小麦盖上了厚厚的雪毯……

冬天啊,你撒下满天瑞雪,帮春天守护这一切,可是到头来,你情愿让冰清玉洁的肌体化作万里水,无私地、慷慨地去灌溉、去滋润大地。在充满对新春的赞誉时,你却悄悄地走了,被那些幼嫩、稚小的幼苗吮吸。可谓是"化作春泥更护花"啊。

冬天不但属于风,属于霜,属于雪,还属于你我,属于所有的人。冬天,值得你去探索。

纯净的心灵

——读《小王子》有感

在生日时，我收到了一份非常有意义的礼物——一本叫《小王子》的童话书。

读了前言我才知道，这本由圣埃克絮佩里写的《小王子》，在西方非常有名，是一本大人小孩都喜欢看的书。这本书主要讲的是：一位小王子住在一个小星球上，他每天都会给自己的玫瑰花浇水，后来小王子离开了星球去旅行。他来到了地球，在沙漠遇到了一个飞机坏了的飞行员，他们成了朋友。小王子有一天想念他的星球了，于是离开了地球，从此，他们就再也没有相见。

读了这本书，我明白了什么是"纯洁的心灵"。小王子深深地爱着他的玫瑰花，为了不让花被羊吃掉，他还请飞行员给羊画了口罩，对他来说，他的玫瑰和地球上所有的玫瑰都不一样，如果花没有了，那就好像是宇宙中所有的星球全部失去了光芒，这是多么真挚的感情啊！读到这儿，我不禁感叹小王子对玫瑰花是多么好，好像玫瑰花就是他的命，他的孩子一样。还有那只狐狸，即使小王子离开了它，它也永远记得那麦子一样的颜色。

　　书中的小王子让我想到:在生活之中,我们要用一颗纯净的心灵去对待我们重视的东西。比如对待一本书,我们拥有了它,就应该爱护它,我们要朗读并欣赏它,汲取书中的知识。对于小宠物,我们拥有了它,就应该爱护它,给它去喂食、洗澡、倒水喝……虽然烦琐,但不亦乐乎。我们都应该用心对待一切自己所重视的事物,为自己的付出而感到快乐。

　　我非常喜欢这本书。读了这本书,我懂得了许多做人的道理,也知道了原来大人也会做很多傻事,他们不一定什么都对。就像爸爸说的那样,人只有在长大的过程中永远保持一颗纯净的心,才能找到自己真正想要追求的东西。

交警叔叔真的不容易

说起"真的不容易"，让我想到了许多不辞辛苦的交警叔叔。

每当炎热的夏天，我们躲在凉快的空调房里，看着电视，吃着东西，他们在哪？他们正顶着火辣辣的太阳，挥汗如雨地指挥着交通，为了保持道路的通畅，为了每个家庭的安全。你看，他们做的每个手势是多么标准，他们的神情是多么庄严神圣。有时，天热得就像个超大的火炉，可他们却还像钉子一样立在马路上，豆大的汗珠弄湿了他们的衣服，整个人像刚刚从水里捞上来的一样。但因为他们身上背负着职责，所以他们无怨无悔，真不容易。

每当寒冷的冬天，我们躲在温暖的家里，吃着热乎乎的饭菜，聊着天，他们在哪？他们正站在寒风凛冽的大马路上，为匆匆赶路的迷路者指引方向，为这寒冷的季节增添一分温暖。看着他们已被冻得通红的脸，破裂的嘴唇，你能不说"他们不容易"吗？

每当夜深人静，我们沉浸在甜美的梦乡时，他们在哪？他们正坚守在自己的岗位上，睁着早已疲惫的双眼，为晚归的旅者保驾护航。有时，睡意会袭上他们的心头，但他们总是不能安安稳稳地睡个好觉。为了人们的安全,他们只能在黑夜之中默默地奉献,你想过吗? 他们容易吗?

　　每当有司机违反了"开车不喝酒,喝酒不开车"的规定时,他们会开罚单,不管你是达官贵人还是平民百姓,他们都毫不留情。因为他们是正义之身,不会乱扣一位好司机的分,也不允许有一条漏网之鱼,一切依法办理。可你想过吗? 面对求情,面对利诱,他们要做到毫不动摇,容易吗?

　　交警,一个神圣的职业,一群平安的使者。他们为了我们放弃了多少睡眠,多少娱乐的时间,寒来暑往,斗转星移。他们,是光荣的,也是最不容易的人之一。

变化与未来

　　世界像万花筒一样,会绽放出一朵朵鲜花,千奇百怪,变化无穷。寻找生活的点点滴滴,你是否发现了我们自身的变化呢?

　　我们在变化。我们早已不是小时候那幼稚的孩子了,我们渐渐变得成熟,为人处世的方式不同了,甚至连心理也变了。原来那天真活泼的孩子变得沉默安静、内向,生活环境和学习环境将我们变成了另一种人,也可能依旧充满激情。随着时间的变化,消逝的光阴都已变成美丽的风景,在记忆中一晃而过。紧紧抓住时间的人,有前进的目标,发愤图强,努力前进;反之,让它溜走的人,随遇而安,每天都是在迷迷糊糊地过日子。时间给我们带来希望和机会,但它也只会给予那些一直在努力前进的人,让他们去创造永远的幸福。

　　我们的情感在变化。小时候,天真的我们不管遇见什么事,哪怕只是摔了一跤,都会哇哇大哭。那时,泪是发泄的工具。长大了,泪还是发泄的工具。但是如果遇见了困难与挫折,我们只会习惯地把一切悲伤压抑在心中,藏在背影中、笑容中、眼神中。只有到了晚上,自己一人躺在床上时,才肯流下那几滴宝贵的泪,消化自己的难处。泪虽是珍贵品,但终究会掉落⋯⋯

我们的观念在变化。小时候的我们,才不懂什么是观念,总是无忧无虑地生活着。长大了,烦恼多了,乐观的人会高高兴兴地去解决和面对烦恼,而那些悲观的人,只能陷入那无尽的悲痛之中⋯⋯如果是一个乐观的人在山野迷路,他总能看见希望,看见这山野之中的美景,会在这时高兴地大声歌唱。但如果是一个悲观的人在山野迷路,他只能看见绝望,看到一个个凶猛的野兽向他扑来,他会停下脚步,想着自己生命的结局会是怎样的。

变化有两条路。一条通向光明的大道,一条通向阴暗的小路。要走哪一条路,只看你的决定,光明和阴暗谱写着不一样的命运。

海纳百川,有容乃大

国有国法,校有校规,家有家风。家风,就是一个家庭的准则,一个家族的精神。

我家的家风——"海纳百川,有容乃大",简单概括,即为"宽容"二字。当我欢呼雀跃地离开摇篮后,妈妈就开始在我耳边授我宽容之道。宽容他人,宽容他事,宽容世间存在的一切。

是什么事让我以如此心态面对人生? 是一件事,一件被尘封已久的往事……

那时的我正好三年级,不谙世事,对"海纳百川,有容乃大"这句话无从体验,只觉得"处处较真"便是一切。这一天本该是个相安无事的周五,但正当我准备打开车门,踏上上学之旅,心中好似硝化甘油被人一脚踢翻,顿时爆炸起火——车窗玻璃像蜘蛛网一般,一个标准的圆形孔洞,稳稳地嵌在"蛛丝"中央。"一定又是我们楼下那户人家干的!"我愤愤不平地说道,"上次也是这样,还说是他们家儿子还小,不小心弄的。还说我们家经常有动静干扰到他家,像日本鬼子进村一样来没事找事!""行了行了,快走吧,上学要紧!"我在妈妈的催促下不情不愿地上了车,心里还因没有追究那个

"罪犯"而感到不快。

直到放学回家,我的怨气也未曾消半分。但狭路相逢,我们在电梯里碰到了那个"罪犯"!我见他和妈妈说话时,坦然自若的脸上没有一丝羞愧之色,甚至还有一丝微笑!我索性扭过头,不看他也不理他。一到家,我就开始发牢骚:"妈,你为什么不把小区监控调出来去报案?"妈妈看了我一眼说道:"孩子,不要追究这事了,或许这几天他面临了自己的妈妈和老婆的离开,只剩下了一个小儿子,无从宣泄。他做出这样的事,即使逃避了我们的追究,也逃不过自己内心的煎熬。如果他真是个好人,他会悔改的。记住,宽容不只是说说而已。'海纳百川,有容乃大',一个有胸怀和气量的人才能成就大事。"

我沉默了半晌,原来,这就是"海纳百川,有容乃大",这就是宽容,这就是我家的家风。后来,那个邻居果然没有再来我家找事,我也变得宽容了许多。

家风正,则人正。所以我们要构建家风,就如同我们家的家风:海纳百川,有容乃大;宽容小事,成就未来。

人生智慧

　　人生充满智慧,鲁班小时候被锋利的小草给割破了手,经过几天的思索,发明了锯子。这样,木工的效率就大大提高了。而我从两件事中也领悟到了一些人生智慧。

　　以前,我在爸爸的指导下爱上了下象棋。想跟爸爸"大战一场",第一局开战时,我就急躁不安,面对爸爸时,我完全被他的战术给混淆了。他用车、马、炮轮番进攻,而我只急于防守,不料还是眼睁睁地看着我的一个个棋子被"吃掉",就这样,这局我输了。从这一局中我也明白了,如果只注意防守,会给对手带去极大的好处,他会不断使用各种手段,导致我方所有的棋子被慢慢地一一"吃掉"。不仅如此,我还明白了下每一步棋都不能焦急不安,必须经过深思熟虑后再走,不然会导致"死亡率"大大提高。

　　在输了一局后,我的信心大大降低,可爸爸却信心大增,又准备与我"大战一局"。果不其然,对于他的各种手段,我总是无法应对,最后的结果不猜我也知道,我又毫无悬念地输了一局。在两局之后我也领悟到,我信心不足,才使得我下棋时走的每一步都是错的。生活也是如此,如果因为一件事失败而留下阴影,变得自卑,那么你再来做这件事就会畏手畏脚,只有相信自己可以,才会有取得成功的机会。

　　连输两局棋之后,我心情低落,不想再下棋了,爸爸也看出来了,于是就带我去爬山。爬山时,当爸爸到达山顶许久,我才慢吞吞地跟了上去。一路上都是烂泥,很少有东西可以借力,如果脚一滑,摔下去,肯定会受伤。我心想:我还是赶紧爬,今晚可别卡在这儿了,我慢慢摸索着,一步一步向上走。终于,经过我的努力攀登,我到达了山顶,远方是美丽的夕阳……

　　智慧不会拜访懒惰的人,只会访问勤奋的人。人生就像下棋一般,要谨慎地走好每一步棋,不能草率做决定;人生也像爬山,只有勇于攀登,善于动脑,才会看到美丽的风景;人生又像扬帆起航,升起船帆,开好船,才能走向远方。

那句话，我总也忘不掉

　　在我的记忆里，有许多人对我说过各种各样的话，有鼓励的话，有同情的话，有训斥的话……这些话都随着时间的流逝而变得模糊不清了。但有一句话，一直珍藏在我脑海的宝库里："依靠别人是暂时的，依靠自己是永恒的。"这句话就像阳光，给予我温暖；这句话就像钥匙，打开了我心灵的大门；这句话就像春风，吹散了我心中的恐惧和忧伤……

　　那是一次爬山之旅。爸爸说带我去爬山，我听后还挺高兴，毕竟老是闷在家，实在太无聊了。随后，我们便整装出发，来到了山脚下。

　　面对着巍峨的高山，爸爸问我："你爬得上去吗？"虽然我心中还是有点恐惧的，但我还是满怀信心地说："能！"接着，我和爸爸就开始爬山了。开始，我一直向前爬，把爸爸甩在"千里之外"。可是，后来我体力渐渐不支，爬得像蜗牛一样慢。刚刚还在后面的爸爸赶了上来，对我说："这位小姑娘，你还行吗？"我艰难地回答："行啊，我一定能到达终点。"说完我想让爸爸拉我一把，可他说："你有信心就好，你要知道依靠别人是暂时的，依靠自己是永恒的。你自己慢慢爬，我就先走一步了。"

　　说完，爸爸便大步向山顶走去，而我还在慢吞吞地爬着。虽然刚才我又信心大增，可是实在是太疲倦，所以我向上大喊了一声："我不行了，我不想爬了！"但爸爸听到我不想爬了，向他求助时，他并没有帮助我，还是只丢给了我一句话："我刚才不是说过依靠别人是暂时的，依靠自己是永恒的。"我默默地听着，还是一步一步艰难地前进着，最后我终于登上山顶，心中充满了无比的成就感。

　　依靠别人是暂时的，每个人最终都要依靠自己。这句话，在我的头脑中刻下了深深的烙印。在学习上，我始终记着爸爸说的这句话，刻苦钻研、开拓创新。在遇到难题时，独立思考，通过自己的努力解决遇到的困难。

那一刻,我感受到了幸福与爱

有一种爱,永远在你身边,可是你会经常忽视它。有一种爱,呵护着你的心灵,可是你却忘记珍惜。得到朋友的帮助是幸福的,但我认为得到妈妈的关爱更是幸福的。

阳光透过薄薄的雾气,洒在大地上,使整个城市格外清亮。"妈,我出去了,中午不回来了。"我愉快地说道。妈妈随后说:"今天可能会下雨,你记得把伞带着。""妈,你看看外面,可别逗我了,今天不会下雨的。"说完,我便溜了出去。

时间一分一秒地过去了,天空渐渐变成了一个脾气暴躁的小男孩,树叶漫天飞舞,风刮着刮着便下起了雨,我赶紧跑向了一旁的亭子去避雨。雨越下越大,我望着一旁被雨淋湿的树,想着只能待在这简陋的亭子里过上一阵子了。这时,一个女子向我奔来,近了,近了,原来是妈妈。妈妈皱着眉说:"叫你带伞,你偏不带,看吧,现在下雨了,我还得来找你。"那一刻,我感受到了妈妈对我的爱,我觉得很幸福。

一句大声的责骂,一个意外的惊喜,一份浓浓的母爱,构成了一个感人至深的故事。幸福并不复杂,幸福是在那一刻得到妈妈的关爱。

一天,我爸有事出去了,而我妈又去上班了,我做完作业,便约着朋友一起骑自行车去公园玩。出发之前,我还偷偷拿了五十元"私房钱",准备在公园买点吃的。我们在公园又渴又饿,朋友请我吃薯片,我便请她喝饮料。

这时天色渐渐暗下来,我们一起回家。妈妈已经下班,正在做饭,看见我手里拿着的饮料,便开始责骂我,说以后少喝饮料,一点儿都不健康,还是多喝开水……妈妈的责骂"没收"了我一天的好心情。我感到委屈,便跑回了房间。过了一会儿,妈妈走了进来,手里还拿着一杯热乎乎的奶茶,对我说:"来,这是我自己做的,第一次做,不知道好不好喝,你尝尝。我也不是不让你喝饮料,只是怕不健康……"这时,我看着妈妈,体会到了她对我的无微不至的关爱。那一刻,我感受到了幸福。

虽然这只是生活中的小事,但这一点一滴都注入了妈妈对我无微不至的爱意。

那一刻,我感受到了幸福与爱。

遍地野菊

　　遍地的野菊,它们盛开着,闹着,争先恐后地为秋添上了一件美丽的衣裳。

　　当我走在落叶满地的秋天时,扑入视野的,只有枯黄色。干枯的树叶,宛如一张巨大的毯子,走时,还不时发出"咔嚓"的声音。又走了会儿,我猛然看见前面那片枯黄的地有些不一样,再走近点,哦,原来是野菊花,它们争奇斗艳,闹嚷嚷的,这一片,那一丛。它们与一旁的枯叶为伍,枯叶也如同守护公主的骑士般保护着野菊,使野菊更加突出、耀眼。这野菊本在花中极为普通,但当它们成群结队的时候,却又总能散发出令人感叹的光彩。

　　这时,风吹起来了,也许是嫉妒野菊的美丽吧,想要吹倒它们倾世的容颜。风来了,不仅吹动了野菊,还吹动了野菊的活力,十分顽强。看,野菊们似乎一点都不害怕风的到来,反而像在和风玩游戏,风到这,野菊也把头摇到这,风到那,野菊也把头摇到那。在秋日的阳光下,风与野菊谱写了一首有关青春的歌。你听,它们正在唱呢。嘘!千万别吵到它们。

　　风匆匆地来,大耍一通娇气后,又匆匆地离开。

正午,在阳光的衬托下,野菊们就如同宝石般醒来,看起来十分娇弱,好像轻轻一晃便会折断似的。亮黄色的花瓣,则清新雅致,不像红红的梅花,像一团燃烧的火焰,野菊虽然只有铜钱大小,可开得还是那么美,十分惹人喜爱。它们的香味也很淡很淡,几乎闻不到。

野菊花,它没有艳丽的色彩,没有浓郁迷人的芳香,也许你会认为它是百花中最卑下的,那你就错了。如果高贵专指"色彩艳丽"或"雍容华贵"的话,它们确实算不上花中的贵妇人,但它们清新脱俗,也不缺乏美丽。野菊,世间很少有人懂它们、关注它们,可它们依然努力开放,为我们展现最灿烂的一面。

风又来了,又来和野菊玩了,可这次,风还带来了一群观赏者⋯⋯

楼奕汝

五年级

"黑妹"昕诺

友谊像秋天的第一杯奶茶,给你送来温暖;友谊像清晨的第一缕阳光,为你带来光明;友谊是在你感到孤独委屈时的第一声安慰……

她那黑黝黝的皮肤,总是最引人注目,偏厚的嘴唇像两根香肠,一双大大的眼睛里总是藏不住亲切与温柔,我们也友好地叫她"黑妹"——她就是我的同学昕诺。

那是一节下着蒙蒙细雨的体育课,我们慢跑在操场上。跑完步后,老师就带着我们上楼。因为昕诺的体力很不好,每次跑完,我们总是最后上楼。然而这次,发生了一个意外,一个篮球狠狠地朝着我们这边砸来,我躲闪不及,被砸到了头,而队伍已经走上了楼。昕诺眼看队伍离我们越来越远,就对我说:"你怎么样!有什么事吗?"我的头一阵一阵地疼着,脚也摔伤了,我小声地说:"挺疼的,要不去医务室吧!""好!我们这就去!"

我看着天上的雨越下越大,地上的积水也漫过了半只脚,医务室离我们所在的地方还很远,正想跟她说还是算了吧,可她已经把我拉了起来,背在了背上,飞快地跑着。她平日里跑得是很慢的,可这次,我第一次感受到她跑得是多么快。"啪嗒，啪嗒"，雨水被溅了起来，雨珠也一滴一滴地落在了她的身上，忽然，她停了下来，她看看我身上被淋湿的衣服，毫不犹豫地把她的衣服给脱了下来，披在了我的身上，我不知道该怎么报答她的友谊。"唰唰，唰唰"，风把树吹得阵阵作响；"嗵嗵，嗵嗵"，昕诺的心跳声在我的耳边徘徊。

不知道她跑了多久，我们终于到了医务室，我被查出没什么大碍，只不过起了一个大包，皮肉磨伤了而已。可昕诺已经累瘫在床上，脸红红的，好像是感冒了一样，那几个不小心用球砸到我的大哥哥也急匆匆地跑过来，对我说着对不起，昕诺像是突然有了力气，开始教训他们……那是平时温柔亲切的"黑妹"第一次生气，也是我第一次真正为这份难得的友谊而哭泣。

虽然昕诺的肤色很黑，但她永远是我心目中那一束最明亮的光，是我最需要珍惜的友谊。谢谢有你，"黑妹"昕诺！

一把雨伞

古人云："言必信，行必果。"诚信是一种信念，就像小鸟的翅膀一样重要，小鸟需要翅膀才能飞上天空，人又怎能失去诚信呢？

记得那是一个雨天，我和昕诺在班级里值日，值日后我才意识到我忘记带雨伞了。昕诺带了一把很大的雨伞，她看了看我说："我们一起走吧！""好呀。"我非常开心。走到校门口时，我犹豫了一会儿，昕诺说："奕汝，这把雨伞你先拿着吧，我妈妈单位就在旁边，我跑过去就行了！""可，可是！""什么可是！你拿着就行了。"我只好答应，看着她在大雨中匆匆奔跑的身影，我一时不知道该怎么办，只好拿着雨伞走回了家。在回家的路上，雨越下越大，我越来越感觉有一股不好的预兆涌上心头，我很担心她。

第二天早晨，天还是阴沉沉的，时不时有号叫声般的风从窗前刮过，窗户被吹得"咔吱咔吱"作响。我从床上爬起来，吃好饭，拿着自己的雨伞就往外走，把昨天的事情忘了个一干二净。那天的小路看着又窄又小，十分压抑，小石子也像黏胶一样黏在了我的脚上。我的脚非常痛，那些粗壮的大树，也不像以往一样郁郁葱葱了，而是变得像怪兽一样张牙舞爪,甚是奇怪。我走到校门口才想起,昨天昕诺借我的雨伞我还没还给她,但如果现在去拿呢,上课就要迟到,老师又要骂我了。可是不去拿的话,昨天已经答应昕诺第二天会把雨伞完好无损地还给她的,现在又不还给她了,这不是违背诺言了吗?人怎能没有诚信呢?我的心里就像住着两个小人,不停地在吵架,我也纠结万分。过了一会儿我终于想好了,我一狠心,迈步往家的方向跑去。

我跑得满头大汗,终于跑到了家,我慌忙拿起备用钥匙打开了门,拿起昕诺的雨伞就往外跑。"嗵",班级的门被我一下给撞开了,姚老师严肃地看着我说:"奕汝,你怎么迟到了二十分钟?"可是我却心不在焉,看着昕诺那空空的座位,我问道:"姚老师,昕诺呢?""昕诺生病了,说是发烧。"我顿时定在了原地,要不是我借用了她的雨伞,她怎么会发烧?我低着头羞愧万分地坐到了位子上,雨滴也围在窗前嘲笑我,发出哈哈哈的笑声。

一整节课我都没有听进去,心里只想着昕诺现在的情况。一放学我就冲进了妈妈车里,对妈妈说:"快,快去昕诺家,我有急事。"妈妈就把车开到了昕诺家,我跳下去,把雨伞还给了昕诺,把一些刚买的水果也给了她。昕诺还是对我笑笑,像往常那样。

虽然为了拿雨伞我迟到了,但是我觉得这个决定是正确的,毕竟"一言既出,驷马难追"。做人,须讲诚信。

夏天的声音

在炎炎夏日里，有着许多美妙的声音。

在天晴的时候，我们一起走进森林，听听森林的声音。小花儿们，在风姑娘的鼓励下，跳起了优美的舞蹈，发出了"呼啦呼啦"的声音，让人觉得活泼快乐，忍不住想加入它们的舞蹈。小草们用身子敲击着土壤，发出"唰唰"的声音，好像是在用双手为花朵们鼓掌，听，小草们在唱歌："咝咝、唰唰、啪啪。"真是丰富多彩，真是有趣极了。高大的树木，斜视着小草们，看起来威武、高冷，它的双手用力一晃，发出"哐哐"的声音，好像有什么事想要倾诉一样。"哐唧"，咦？这是什么声音，"咝——"是大树在哭诉，人们用电锯砍下了它的身体，把恐惧与不和谐的声音带到了这郁郁葱葱的森林里。小鸟们本还在天空中放飞自我，"叽叽喳喳"地与同伴们谈论说笑，一听到这声音便惊恐地翻腾翅膀，逃之夭夭。不过，森林的声音不会被那些声音给侵扰，还是那样欢快而又迷人。

在天晴的时候，走进田野，你会感到美好、舒畅。听，是蝉在树上唱歌，大家都围上去倾听蝉的故事，蝉则"知了知了"地叫着，骄傲地站在树上；"呼呼"，风姑娘吹到了田野，稻子们都"唰啦唰啦"，与她打招呼，用最开心的声音，告诉风姑娘今天的美好;农民们戴着草帽,在田野上忙活,汗水像泉水般流下,掉在草丛中,发出"嘀哩嘀哩"的声音。听,田野的声音是不是十分美好?

小雨滴们终于忍不住了,想到这个快乐的星球来,一起探索世界的奇妙。菜叶上的雨滴像是小豆子一样,一滴一滴地掉落着,发出"滴答滴答"的声响。这古怪的天气爷爷把许多大雨滴也放了出来,这可不得了了,你看,现在的雨滴就像断了线的珍珠一样,"啪嗒啪嗒"地打在地上。风也不像是方才那样友好善良,发着怪叫,来到了人间。雷公公也来了,他"轰隆隆"地吼叫着冲了过来,海浪翻滚着,打在石头上发出"啪啪"的声音。可没过一会儿,天气爷爷的心情似是好了不少,所有不好的声音都回到了自己的家。

天黑了,动物和植物们都安静了下来,只有群狼站在山头号叫。

"精心"的礼物

　　我还记得,妈妈生日时,她收到我的礼物时那开心的样子。

　　那天是周末,妈妈早早地就去上班了。我也起床了,看着日历上那大大的爱心,顿时精神抖擞,一心想着给妈妈一个惊喜。

　　我跑到门口,穿好鞋子去外面买了一个面包,打算给妈妈做一个蛋糕。我得意扬扬地想:"啊哈,我做出的蛋糕肯定很完美。"说干就干,我从冰箱里拿出巧克力块,想把它们放进大碗里,可是这些巧克力块就像长了脚似的,自己跑到了桌子上,又调皮地滚啊滚,掉到了地上,我只好把掉在地上的巧克力块扔进了垃圾桶里。我把碗放到火上热了一会儿,里面的巧克力块就溶化了。我拿出了搅拌棒,不出我所料,又出事了,里面的巧克力冒出了泡泡,"啪"的一声,许多大泡泡爆炸了,一颗颗破碎的泡泡弹到了我的脸上。

　　我拿出了毛巾给脸洗了一个澡,突然发现巧克力酱从碗中漫了出来,我连忙拿出一个更大的盘子来装。我搅啊搅,终于里面的气泡全都消失了,我把早上的牛奶倒了进去,牛奶和巧克力都很开心,拉着手跳了一个旋转舞。接着我拿出了榛子,要把它们切碎,可是榛子像一条胖胖的鱼儿一样,灵活得不得了,我也像一只灵活的猴子一样追了上去。终于榛子军团还是太小了,挡不住"神厨"我,我把切碎的榛子撒在了巧克力酱上。第一步终于完成了,可我已经满头是汗。

第二步,是做面包夹心。我把放在冰箱里的冰激凌拿了出来,再把提前买好的圆筒面包切成一片一片的,可是可恶的刀就是不肯切得平整,硬要把面包切得歪歪扭扭。幸好我还买了一袋切片的面包,瞧,只要我把旁边几个角给切掉,就成了圆形了,接下来就是涂冰激凌夹心了,不好! 一个个冰激凌都跑到地上去了,我只好重新拿了。这一步我做得很完美,冰激凌蛋糕看起来仙气十足。马上就到最后一步了——把巧克力酱倒在蛋糕上。啊哈,终于成功了,巧克力蛋糕完成。

妈妈回来了,看到了这个蛋糕,开心地跳了起来,马上就吃起了蛋糕。

虽然我知道,这个蛋糕并不是很完美,但对于我们来说,这是世界上最好吃的蛋糕。这就是我给妈妈精心准备的生日礼物。

片片回忆

　　一片带着回忆的树叶,掠过大树,抚过轻风,划过江水,飘到一个更加美好的地方。

　　回忆,在任何地方。在古老的小镇中,它带着糖葫芦的酸甜、人们的说闹声走在你的心间;在草原,它又化为一缕微风,抚摸着你儿时那稚嫩、纯洁的心灵,倾听着你欢快的笑声! 在湖水边,它是鱼儿,在湖中观察着你,看着你灵动的眼睛。无论在哪里,它都会轻轻地和你说:"我一直在你身边!"如今,无论你在哪儿都能想起它,想起它的所有。以前的你什么都不懂,对这世间万物都十分好奇,可现在什么都变了,古城变成了高大辉煌的城市,草原也没有了你的笑声,你也不再是一个稚嫩的孩子,而是一位对世间十分信任的女人。你知道,世界在变得更加优秀。

　　回忆,默默在你的背后,助你成功。儿时的你天真地觉得世间万物都是美好的,那是因为你还不知道世间的算计与败坏。你拿起手中笔,在本子上一笔一画地写着:"不要害怕,要一直努力!"你又摘下艳丽的小花戴在自己头上,抬起头,感受着大自然的温暖;现在的你,看着儿时在本子上写下的字,熟练地拿起手中的笔写道:"我会一直加油的!"你认真地工作,把每一件事都做得最好;你拿着手中的书,把知识都记在脑中,感受学习的快乐。有人说,这只是长大了,不,你的成长在于你的自律和用功,这是成功,是对自我的要求,对世间的招手。你知道,自己变得更加成功了。

回忆,你看不见也摸不着,但它却给你带来了很多很多。你回忆着儿时自己的初衷……小时候你曾梦想当一位护士,你要保护国家,打败病毒。你拿着药丸,摆弄着它,还天真地以为药丸是用苦瓜做成的,你说:"我以后一定要研制出一种不苦的药!"你不知道,人生中还有比药更苦的事;现在的你完成了儿时的梦想,任劳任怨,没日没夜地工作,就是为了世界,保护人民。你说:"我一定要坚持不懈,认真努力!"找到了自己的初衷,并完成它真是一件好事! 你知道,自己的初衷是多么美好。

你改变了,从那个天真的孩子变成了一个成功的人。回忆,让你蜕变,你相信,未来的自己肯定会更上一层楼,变成一道阳光,照亮整个世界!

飞盘大赛

傍晚的校园中充满着欢乐与活力,同学们的笑声回荡在校园中。

在体育课上,老师告诉我们一个好消息,我们今天要玩扔飞盘的小游戏,老师笑容满面,神秘地说道:"你们猜这个游戏怎么玩?"同学们十分期待地问:"是怎么玩的?"老师从身后拿出飞盘:"我们分两组,一组攻击,一组防守,攻击方要把飞盘打到防守方身上,而防守方只要在规定时间内没有全部牺牲就算赢!"

我被分到了攻击组,游戏就此开始。我的手中拿着飞盘,心中的期待之火再也压制不住,爆发了出来,在这个微风习习的季节,同学们的心中却十分燥热。

我看着不知所措的小袁,发出了第一次攻击。我瞄准小袁的方向丢了过去,飞盘就像离弦的箭一般,急速往前冲去。小袁看着飞驰而来的飞盘连忙躲开,正当我以为飞盘会掉落在地上时,孔小辉说道:"喂!快看,小杜被飞盘击中了!"同学们都转头看着小杜,只见我的飞盘正躺在小杜脚下呢!小杜十分无奈,只好慢慢挪出了场外,而我却十分高兴,因为同学们给我起了个外号——"神盘手"。我拿着飞盘,抬起头,骄傲地叫道："我是神盘手!"防守组的同学们叫道："走着瞧!"

我看着旁边跃跃欲试的圣辉,在同学们的注视下,我把飞盘传给了圣辉。圣辉也不负众望,拿着飞盘助跑了一会儿,他紧盯着前方,细腻的汗珠挂在他的额间,在同学们的叫好声中,他扔出了飞盘。可是这次同学们都灵活了许多,就像灵活的小猴子一般,躲过了飞盘,窜到了旁边。我十分沮丧,就在我以为这句输定了时,一个急速的身影从我眼前掠过。"是圣辉! 他要发力了!"一名观众激动地叫道。圣辉把飞盘一扔,盘击中了小陈的衣角。飞盘受到了阻碍,速度慢了下来,我冲了过去一把接过,随意地往防守人群中一扔,同学们看着飞盘离自己越来越近,做出了反应。有的同学跳了起来,让飞盘从自己身下飞过;有的同学蹲下身子,让飞盘从自己身上飞过。观众们都看得十分入迷,时常哈哈大笑,大声叫好。

我们攻击组的同学,配合得十分默契。我们时而传飞盘,时而接盘,时而抛飞盘,好不热闹。随着同学们的欢呼声与鼓掌声,一个接一个的同学被飞盘击中,退出了比赛。三! 二! 一! 游戏结束!

老师走了过来,宣布："这局飞盘大赛攻击组胜利!"听到这个消息,我们都十分开心,激动地抱在了一起。而防守组呢？他们一个个唉声叹气，眼中满是不甘与无奈。

飞盘游戏让这个书声琅琅的校园里，多出了几分活力。让我们放飞自己，让这个校园更加活泼！

玩游戏，不仅要感受快乐，更重要的是要团结互助，展现自己的风采。

秋山美如画

秋山，似一幅画，一幅沧桑、成熟的画。

秋的颜色渲染了山峦，山如画。夏已过，秋已来，当满山深黄时，秋就已在。远远望去，那深沉的秋色是那么不真实，那么愁美。它好像被橙黄渲染过似的，到处金银深邃。它的色彩不必过多形容，因为它的惆怅就能证明它的愁美。秋黄得是那么深透，那么精彩，甚至是那么纯粹。叶子是黄的，树上的叶子纷纷掉落，铺在山中，好似一地金银。天碧蓝，地橙黄，秋的颜色在空中留下阵阵香味，是甜甜的，但却带着一份份愁苦。秋色似一位羞涩的姑娘，把最迷人的颜色留在心中，让人细细回味，细细留念。秋色满山，那是一座深沉、金黄的山。但秋的颜色却溢出了整座山。

秋的姿态藏在山中，山如画。树的枝干上光秃秃的，只有几滴秋雨在枝前打转，那小小的秋雨好似一颗钻石，清澈得好似一颗蓝水晶，小得好似一粒麦子。只有我知道，它的心中藏着一整个秋天；地上的落叶在干枯的草地中沉睡着，它们无声地呼唤着秋，唤醒着秋。一缕秋风吹过枝头，又在河的流动中被秋的寒意吹散。枝头的几片树叶也飘飘荡荡地坠落在秋的怀抱中。河水越发冰冷，冰得如寒冬的雪子，河水在袅袅秋风的拍击中，也昏昏睡去。美丽的秋山在秋风中展现它的美色。我知道它的美在于它的内心，那颗纯洁却又青涩的内心。

秋的声音在山中回荡，山如画。秋风时而柔和，时而呼啸。它飘过天空，在天空中留下秋的脚印；它拂过树林，推落枝间的树叶，使它们拥抱大地。秋山上的风情绪多变，虽然它十分温和，但呼啸却又那么惨淡。秋风的哭叫时常回荡在山林，它穿过山石，流下泪水；它冲过小河，留下悲伤；它吹乱山的头发，让山显得孤单。但不管怎样，风还是那么单纯、美丽。树叶掉落在草丛里发出"唰唰"声，鸟儿飞过大山发出欢叫，小溪青翠，发出秋那悲壮的声音。秋的声音无处不在，在你的眼中，在你的心中……

秋山，没有绿草的清鲜、荷花的爽朗、雪子的冰寒。但秋的优美却是那么引人注目，在我心中永远不忘。

秋山美如画，秋山气势磅礴却孤独。你望着秋山，望着那个有些忧愁却不减姿态的秋山，只要你静看秋山，便能看见秋的影子，细品秋山，便能读懂秋的沧桑。

母爱·伟大的力量

——观《妈妈!》有感

母亲节,我观看了一部电影——《妈妈!》。这部电影讲了一位85岁的妈妈付出顽强的生命力照顾患了老年痴呆的65岁的女儿的故事。

母爱,是这样的无私。那位苍老的母亲,她的爱是那么伟大。这位母亲顶着一头苍白的短发,岁月在她脸上勾勒出皱纹,显得她是那么脆弱。一个夜晚,女儿穿着儿时母亲给她织的衣服,头顶上戴着头盔,母亲看到了,也学着女儿趴在了地上。她知道,这是一件幼稚的事。但她还是耐心地陪着女儿。女儿淋着雨,在花园中穿梭,母亲就拿着一把破旧的雨伞,扶着自己酸痛的腰,让雨滴不在女儿的身上停留一秒。她用各种办法保护女儿,让女儿不受一点委屈。她陪着女儿笑,陪着女儿疯,陪着女儿傻。这无微不至的爱,让我觉得这位母亲是那么伟大……

女儿在患病前,就一直有一个心愿,就是为自己探险的老爸写一本书。母亲一直记着女儿的这个愿望,在女儿患病时,她把女儿未写好的文章给补完了,她多么希望女儿开心一点。她联系了好多人,让人帮忙把女儿的这本书给打印好，最后她成功了，她拿着这本书，在家中办了一场获奖会。为了不让女儿失望，她找来认识的医生为女儿祝贺，让女儿开心……这时的女儿，一点都不像患病的样子，她拿着书一脸骄傲地走上了演讲台，她虽然患了病，但她永远忘不了自己的愿望。母亲坐在台下，使劲地为女儿鼓掌，她那天甚至比女儿还开心。这就是母爱的力量，给予孩子鼓励与肯定，她让女儿再一次感受到了骄傲与快乐的感觉，这种力量，足够让女儿开心好久。

我们要知道，这位母亲也是一位老人，她也很累，有时可能连走路的力气都没有。但为了自己的女儿，她再一次担起了家庭主力的责任。她很累很累，但她从来不会说，这就是母爱的无私。她很难过，难过女儿的患病，让自己本就不奢华的生活更加朴素，让孤独的她觉得更加冷清。但不管怎样，她总是无微不至地照顾着女儿，让女儿感受到爱的力量。

这位伟大的母亲让我想到了我自己的妈妈。虽然她的脾气有些暴躁，但她对我的爱是那么伟大。有一次，我参加街舞比赛时受了伤，最后没有拿到第一。妈妈看着我一步一步地走下台阶十分心疼，冲了上来一把抱住我，拍着我的后背，鼓励着我，那时的我已经很重了，但她还是一把抱起了我，把我一路抱回了家。我看着手发抖的妈妈，觉得她是那么伟大。虽然她的力气不大，但她却能抱着我走那么久的路,虽然她自己也很累,她却要一直抱着我,保护着我,她给了我温暖,给了我力量。

反观现在有些母亲,她们只为自己着想。我在网上看到有一个母亲带着孩子去偷东西。她让孩子把衣服盖在别人的手机上,自己则拿起衣服和手机跑出了店。后来被别人发现,她却把一切责任都推到孩子身上。孩子还那么小,就让孩子来干这么坏的事情,你的心难道不会痛吗?我认为这些人就不配做母亲,她的"爱"是那么畸形!

母爱,伟大的力量!

信任的力量

　　信任,是一种强大的力量。那种力量可以让你从失望与悲痛中走出来,走向美好的未来。

　　在细雨迷蒙中,窗外的树叶发出窸窸窣窣的声响,我的心同样是无比凌乱。我把笔架在鼻尖,再望着窗外,思考着明日的活动。我很无聊,在恍惚中我似乎听见有人呼唤着我的名字:"奕汝？ 奕汝?""什么事?"我连忙调整好思绪,转过头去,傅老师看着我,拿出了手中的纸:"嗯……奕汝,这次有一个录音的任务要交给你,可以吗?"听到这句话我立刻有了精神,我的心中就像吃到了一颗糖一般,十分甜蜜。"终于有任务可以交给我了! 我直接同意吧! 不! 也不行,这样表现得实在太主动了……但是如果不说,这次机会就没了,我还是委婉一些吧!""傅老师,我是可以的,不过可以再问问其他的同学。"我搓着手,心中十分不安。"万一真的没有机会了怎么办?"我忐忑不安,心提到了嗓子眼。"好,那我问问!"傅老师话音刚落,就头也不回地走上了讲台。

　　我看着傅老师,心中十分害怕而又紧张。"大家都停一停,这次有一个录音的任务,每个班只能有一人,我是觉得奕汝比较合适!"同学们听见我的名字纷纷朝我这里看来,有的人十分惊讶,觉得我不行,有些人很佩服,觉得我很厉害。他们盯着我,这让我十分害羞,心里又很忐忑。这时,只听见有一个同学说:"我相信奕汝可以的!她朗诵那么好,一定能做到的!"而有几个同学却在底下小声嘀咕:"我也可以嘛!为什么只叫奕汝呢?""我也挺奕汝,她的声音很好听!"我看着这些站起来的同学,心中暖暖的,竟然感动到说不出话来。"我信任奕汝!""我也是。"同学们都转过头来看着我,脸上洋溢着笑容,好像在说:"奕汝加油!我信任你!"我看着他们,觉得自己也越来越自信,我也笑了起来。"我一定要录音!要录得很好!为班级争光!我一定不能让同学们失望,要晒出自己的风采。"傅老师看着同学们信任的眼神,也立马同意了我的请求,笑着对我说道:"奕汝,加油,我也信任你!"我看着大家,也开心地笑了,笑得那么灿烂,那么美好……

几天后,我拿着录音证来到了班级,因为同学们的信任,我做到了,我努力了,我也收到了那一张难得的录音证!

信任的力量可以让你信心百倍,让你更加努力,让你收获满满!

助人，亦是助己

"善为至宝，一生用之不尽；心作良田，百世耕之有余。"助人也是如此。

善在我们的日常生活中无处不在，只是我们容易将其忽视。俗话说："送人玫瑰，手留余香。"善有善报，有善就会有回报，但我们做善事不是为了刻意追求回报，我认为那是为了人生中的那一份豁达，那一丝快乐。

一生都在帮助别人的人，会得到大家的尊重、热爱与认可。就如鲁迅，他留给人们的精神财富，与他那炙热的爱国情怀会永远铭记在人们心中，这大概便是手有余香的道理吧……而互相帮助也成了人们前进的灯塔，为更多需要帮助的人带来光明与温暖，并让温暖这颗火种洒满人间爱的大地，让更多人感受到善，学会帮助别人。

助人，亦是助己，这一真谛同样也体现在国家关系中。中国致力于维护国家之间的和平与安宁，并为之付出了不懈的努力。驰援非洲，在那块干旱的土地上建起了数以百计的设施；帮助各国，在有关世界和平与发展的各个领域都能看见中国人活跃的身影……当然，在我们中国遇到危机时，别国的帮助也总不缺席。

一件好事可以反映出一个人高尚纯洁的心灵,小小的善举,举手之劳,并不需要我们付出很多,却能换来更多的美好。我们要学会为社会做点事,为他人做一些事,为自己做点事。

美好的生活是在大家的点点滴滴善举中创造的,是会在持之以恒地做善事中得到延伸的。送人玫瑰,手留余香,当世界充满爱时,我们每个人也会得到幸福的分享。

若是心存善念,世界必会温柔以待。人生道路漫长,黑夜茫茫,我愿做执灯人,点亮微光。既为别人燃起希望,也照亮自己脚下通往黎明的道路。因为我坚信,只要常存善心,定然是处处甘雨祥风!当你赠予旁人一炬火时,你的掌心也会留有余温,世界如此,自己亦是如此。

帮助别人,同时也守护自己。

美食故事

在绍兴,白墙黑瓦的古老房屋的街道中,那清凉而又纯美的味道,总是深深吸引着我……

幼时,那老旧胡同中的木莲豆腐,令我深深怀念。每天上学,我骑着自行车在胡同中穿行时,木莲豆腐总是散发出自己独特的魅力,那丝清新的味道把我迷住了。在老街中,我总会想念木莲豆腐,它那透明而又晶莹的样子,是那样美好。

古街在阳光的炙烤下,原本的清凉也变得炎热。"木莲豆腐!木莲豆腐卖啊!"一位满头是汗的阿姨推着一辆小车在老街上行走,我恍惚间闻到了它那淡淡的薄荷味,连忙跟上。"阿姨!阿姨!给我来一碗吧!""好嘞!小妹妹,你看看你,满头是汗的,热坏了吧!这个扇子你先拿着。"我接过扇子,看着阿姨车上的木莲豆腐,一块块透亮的木莲豆腐填满了大碗,味道香香甜甜的。

我接过碗,拿着勺子舀了一大口,把豆腐放进了嘴里,那凉爽的味道一下子把我从炎热中拉了出来,让我沉浸在家乡美食那独特的美味中。我迫不及待地又吃了一大口,闭上眼睛享受着,当豆腐被我咽下,滑过喉咙的一瞬间我感觉清爽

无比,不用咬,木莲豆腐就自己化在了舌尖,那种细腻的味道
与口感真是让我十分着迷! 微风拂过清凉的木莲豆腐,我感
到十分满足又陶醉……我一口一口地吃着木莲豆腐,享受着
它清凉爽口的味道与口感,不一会儿就吃完了,可它那清爽
的味道还在我的舌尖回荡。我感到了夏天中一种不一般的
凉爽与小小的幸福。

　　阿姨笑着看我,我拿着空碗也看着她,回味似的闭上眼
睛痴痴地笑着。"小妹妹,吃那么快应该很喜欢吃吧! 这里还
有好多,你多吃点吧!"我看着这位陌生而又十分亲切的阿姨
说:"真的? 那我就不客气了!"阿姨看着我开心的样子连忙
又给了我一碗,手还帮我扇着风。"谢谢阿姨,真的太好吃了,
夏天我最记挂的就是木莲豆腐。"冰冰凉凉的木莲豆腐被我
含在嘴里,嘴里就像被春风吹过似的清凉又舒适。我咽下最
后一口木莲豆腐后开心地笑了,阿姨也摸了摸我的头,看着
我笑着。家乡这浓厚又亲切的情怀真的十分美好,每一位乡
亲都和善又温暖,这些家乡情怀也让人特别舒服和开心。我
总想起这木莲豆腐,牵挂着它的味道;我总怀念儿时在老街
的种种往事,是那么亲切;我总想着那些和善的乡亲,是那么
友好。

　　家乡的美食是那么独特而又可口,那一些家乡的人和事
也是那么值得人怀念与向往。家乡的故事不仅仅是可口的

美食,更美好的是乡亲们的和善亲切,这浓浓的乡情真的让人感动。

在绍兴,乡情是那么浓厚又亲切,这种美好而又友善的气氛,总能将我深深吸引……

开在记忆深处的花朵

在记忆深处,有那样一朵花,一朵美好而又纯洁的亲情之花。它经受过许多风雨,但它还是生机勃勃地绽放于我的心中,永不凋谢。

在我牙牙学语之时,我的爷爷就一直陪伴着我。我总是哭闹不停,但只要有爷爷的安慰,我总能很快止住哭闹。四五岁的时候,我每次看到别的孩子端着一杯热气腾腾的奶茶,就会咽口水,羡慕地盯着他们手中的奶茶。每次路过奶茶店,我的视线就像被它紧紧粘住似的,走过了还要依依不舍地回头望。"小汝啊,你想喝这个茶啊?"爷爷看着我轻轻微笑。"对对对,爷爷我想喝!""可是这奶茶里有许多糖啊! 会蛀牙哦。""好吧……"当我以为喝到奶茶这个梦即将破灭时,爷爷却在一天傍晚给了我一个惊喜。

那天傍晚,我垂头丧气地回到家,想着我是不是永远喝不到奶茶了。我的心情跌到了谷底。这时,爷爷在厨房一边笑嘻嘻地叫着我,一边向我招手:"小汝,快来! 爷爷啊在做好吃的呢!"我连忙小跑过去,聚精会神地看着爷爷把牛奶与茶搅在一起。"啊! 是棕色的奶茶哎!"爷爷也跟着笑:"哈哈哈,小汝真聪明啊!"我拿着这杯牛奶加茶蹦蹦跳跳地来到了窗前，让明媚的阳光照耀在我的身上。爷爷做给我的牛奶加茶让我十分开心，心中的那朵花儿也朝着阳光美好地绽放。

之后的每一天，我都能喝到爷爷做给我的牛奶加茶。

我慢慢长大，爷爷却住院了，每次去看他，他总是脸色苍白。但他一看到我总是会用力挤出一点点微笑，亲切却又虚弱地问我："小汝啊，还要喝奶茶吗？"我看着爷爷，点着头："要的要的！我最喜欢爷爷的奶茶啦！"他总会打开抽屉拿出干干净净的牛奶与茶。我看着爷爷慢慢地把牛奶与茶泡好，我心中的那朵花儿还是用力绽放着，但露珠却打在花儿的身上，让花儿微微弯下了身子。我接过牛奶加茶细细品尝着，它虽然不是那么甘甜也不是那么香，但它的味道总是那么美好……我看着手中的牛奶加茶，心中十分感动又甜蜜。

爷爷老了，走不动了，一直待在医院。后来啊，他去世了，我总是会想到他，也会想到他为我做的独特的奶茶。我曾自己尝试做过，却怎么也没有以前的味道。

虽然世间再没有了爷爷，但那朵饱含着浓浓的爱与美好的亲情之花，却依然努力绽放着，在我的心中永远绽放，永不凋谢……

开在记忆深处的花，是那朵亲情之花。

江南风烟雨

　　春风拂过江南,吹起了一阵阵花香,展现了江南风景的优美。

　　边窗被春风唤醒,被风推开。一阵花香回荡,小雨落下,淋漓着沉静的江南古镇。一缕清风,吹落几朵柔软的小花,吹落下枫叶,放眼望去似置身于色彩淡雅的水墨画之中。小花落在边窗前,淡淡的花香让人陶醉其中,远处的绿树挺立着,深绿的色彩投射在地面,时而有几只飞鸟掠过,为被阳光照明的天空点缀上了另一番风味,是清淡的,也是精巧的。地上的石子路凹凸不平,光滑的石子把这条路填满又展现出了朴素的美,阳光照在石子路上,晕染开了一层淡淡的橙黄,有些鲜艳,却是那样合适。

　　暮色中,蒙蒙细雨笼罩着原野。山腰间,云雾缭绕,像少女拖曳着裙带,轻撑着一顶油纸伞,欣赏着江南的水秀山景,为它痴情,又为它陶醉。在细雨的湿润下,山间显得神秘又有些抑郁,点点水珠打湿了树上的枝叶,雨水滑过光滑的叶子又流落到花丛中,花的颜色细腻又柔美。虽被雨水打湿,却不减花的美丽,反而衬出花鲜艳的颜色,展现出花最美的模样。烟雾缭绕,朦胧的美让人陶醉。

　　一抹朝阳的出现,透出了雨后的江南独有的美,也使人陶醉其中。商贩们看着朝阳,早早开了店。商贩的吆喝声中透出了浓浓的乡土情味,他们贩卖着江南的人情味,贩卖着江南的独有魅力。路旁的小河"叮咚",河中几块石头伫立。有着鲜艳的红、忧郁的黑、纯洁的白等各色的鱼儿们,在河中穿梭着,身上一块块的花纹十分明显。小孩们看见鱼儿便开心地往水中丢着食物,鱼儿也开心地吃着大餐。江南便是如此,虽然柔美,却又不失人间烟火。

　　静谧的风拂过整个江南,枯藤老树昏鸦的悲凉,小桥流水人家的风情,还有那白墙黑瓦的历史之美,与乌篷船的别致,处处都展示了这江南的柔美,处处都展现了山间古道的人情美。

　　江南的山间古道,不张扬,也不显眼,展现着朴素又淡雅的美。它不需要精雕玉琢,也不需要很多人为的刻意打造。那种独特的风情自由自在,不用对别人证明什么,只需要慢慢绽放。它活成了普通的样子,活成了自己最喜欢的模样,它不会因为时代的变迁而改变自己的初心,因世间的喧嚣而破坏自己的优美。

　　这就是江南的山间古道,具有独特的美丽,具有自己的魅力,是那样柔美,那么安谧,却又是那样朴素……

孟梓睿

五年级

回忆往事

　　回忆如大海中的一团泡沫,在波涛中慢慢被抹去;回忆如大树上的一个果子,过一段时间后就被摇落;回忆如天空中的一朵白云,在大风中渐渐飘去。但是有一个回忆,使我久久不能忘怀。

　　下午,罗曼医生用手电筒仔细地照着我的眼睛,她认真地和我老妈说道:"小孟的眼睫毛是往眼睛里倒长的,这会严重影响他的视力,他得去做一个手术。"

　　听了这话,我脑门上渗出几滴汗水,脑海中浮现出我躺在病床上,医生拿着手术刀的样子。我紧张地问老妈:"妈妈,确定要做吗?"老妈坚定地回答:"当然,为了不让你的视力受损,这手术得做。"看着她的眼神,我明白,这手术是非做不可了。

　　手术前我做了一个检查,我哆哆嗦嗦地抓着老爸的手腕,老爸十分不耐烦,他滔滔不绝地说:"想当年我动手术呀……"我不理会他,双脚不断颤抖着,浑身似乎都麻木了,连抽血时扎针的疼痛都感觉不到了。

　　接下来老爸又带我去检查心电图,我抱着柱子,死活不肯去。老爸就像一头饥饿的狮子,把我活生生地拖向检查员，一股凉冷又痒痒的感觉袭来，我的眼里笑出了眼泪。过了一会儿，老爸又陪我做了核酸检测、尿液检测等又痛又痒的测试，最后一步就是做手术了。

我呆若木鸡地坐在等待室，恨不得拿着锤头，把钟砸坏，这样就永远轮不到我了。可时间如飞马，一瞬间就飞向了未来。我被家长像押送囚犯一样送往准备厅，我的衣服被换为病号服，然后我躺上病床，被送去了手术室。我也不顾心里的恐惧，硬着头皮去了手术室。

医生阿姨怕我不配合，于是和我聊起天来，我也故作轻松地与她说话，另一位医生则小心翼翼地将挂盐水的针头扎在了我的手背上。"呜呜——"我疼得双眼翻白，但是我决心勇敢地忍下去。医生阿姨连忙再次引开我的注意力，我的忍耐已经达到了极限，恨不得从床上跳起来。这时，明睿老爸的麻醉针刺向了我的皮肤，我感到皮肤一阵刺痛，然后渐渐睡着了。

醒来之后，我才意识到手术已经做完了。医生阿姨夸赞我道："小朋友，你忍耐力真强。"我脸上洋溢着笑容。这次回忆让我明白了一个道理：忍耐力要强，否则将无法渡过难关。这件事让我跨出了人生的一步。

春之吟

　　春风带来了温暖,赶走了寒冷,也带来了美丽的春姑娘。

　　春天带来了芳香。春雷击了一下鼓,春雨宝宝们便乘着降落伞缓缓落了下来。雨里弥漫着春的香味,把冬天的气息一扫而光。春泥已被春雨洗过,它像一个刚出浴的孩子,身上有一股淡淡的、好闻的气息。百花怒放,一阵花香味扑鼻而来,我的脸仿佛被洗了一遍似的,是春天带来的芳香洗的,让人欲罢不能。

　　春天带来了美丽与生机。小草都从土地里探出了好奇的小脑袋,给土地公公披上了绿绿的春衣,一阵风吹过,小草便左摇右摆地召唤它们年轻的伴侣——花儿。花儿们长出了花骨朵儿,一个又一个地含苞待放。过了一段时间后,百花怒放:桃花开始披上了粉红的婚纱,打扮得如同一位出嫁的新娘子;百合花穿上了美丽的礼服,准备跳一段探戈;其他不知名的野花也穿上了好看的舞裙,与小草伴侣们在风的指挥下一同翩翩起舞。动物们也被这温暖的气氛唤醒了。小燕子飞了过来,站在枝头上高歌了一曲,百灵鸟很不服气,与小燕子比赛唱歌,连黄鹂也来凑热闹,它们把春天点缀得更加美丽了。

春天还带来了新的生命。河豚妈妈们全都去集合点产下了卵，然后匆匆离去。鸟妈妈们也开始下蛋，鸟爸爸们则去外面捕食，给鸟宝宝们找食物。虫子也开始产卵，一边觅食，一边防止天敌闯入。新的一批小生命诞生了，它们也预备着下一个春天再产卵，培养下一代的子女呢。

春天更带来了小朋友们的欢喜。孩子们脱掉羽绒服与棉袄，换上了轻便的春装，迫不及待地蹿出了家门。他们纷纷在草地上铺地毯野餐，去春游放风筝，在布满清香的花丛中采花、捉蝴蝶，总而言之，春天带给了我们许许多多的欢乐。

春天带给了我们芳香、美丽、生机、生命与欢乐，更带给了我一片春之美景的畅想。

梅之品格

　　在寒风暴雪中,有这么多植物倒在风的怀里、雪的脚下,只有雪离去了,才敢重新站起来。古人王安石诗曰:"墙角数枝梅,凌寒独自开。"没错,唯有梅花坚韧不拔地立在寒风暴雪之中,顽强地生长着。

　　一阵寒风迅速吹来,如利箭一般,刹那间,树叶中箭,纷纷飘在空中,白雪也随之飘了下来。百花冻得受不了,没骨气的先低下了傲气的头,其余的花也一朵接一朵地被白雪埋没。可无论寒风与大雪怎么猖狂,梅花依然傲然地立在大雪中,十分坚强。

　　梅花并不与百花齐放,立春的铃声敲响了,万物复苏,冰和雪汇聚成溪流流向大海,寒风匆匆离去,春风接班,温柔地召唤着春天。百花感受到了一丝丝暖气,于是纷纷开放,展示出自己的美丽。而梅花呢,却默默地闭上了双眼,永远落在了灌木与泥土当中。梅花还有英雄之品格,它虽然被寒风刺着,大雪压着,但还是留有一分清香。"梅须逊雪三分白,雪却输梅一段香。"这句话是实实在在形容梅花的。

　　在生活中也有像梅花一样的人。在新冠病毒出现之后,许多人都不幸受到病毒感染。周围有肉眼看不见的病毒,眼前又有痛苦交加的病人,医护人员们不顾被感染的风险,顾不上吃饭、睡觉,如梅一样坚强不屈。

梅花也给了我信心与勇气。有一次,老师让我们去参加一项活动,那项活动十分辛苦,环境又十分脏乱,我实在没有信心去完成这项活动。这时,我在电视机上看到了一株梅花,解说员正在讲解梅花的坚韧与坚强,这使我深受鼓舞。梅花在大风大雪中都能挺下来,我又凭什么没信心?于是我充满了信心,打算好好露一手。

我赞美梅花,它盛开的季节不是鸟语花香的春天,而是寒风刺骨的冬天;招待它的不是温暖的阳光,而是沉重的大雪;它的责任不是给春天带来芳香,而是给春天带来更美丽的黎明! 它,值得我们学习。

感动在身边

感动,往往你感觉不到,但它时常在你的身边,如小乌鸦给母亲喂食,如同学们的互帮互助。在我的身旁,也有一群互帮互助的同学。

有一天,我和我最铁的同学老朱破天荒地吵了起来,我们最终分道扬镳,互不理睬。我为了给老朱点教训,领了一群同学在操场玩,还故意围着他转来转去,气得老朱偷偷掉眼泪。可我这个小淘气包,每当追跑时,都是最倒霉的,这不,我踢到了一颗小石子,栽倒在了沙地上,满嘴泥沙,腿也擦破了皮。我急忙站了起来,看着血红的伤口,不知道如何是好。这时,老朱冲了过来,还带来了周老师,周老师细心地给我处理了伤口。

可这伤口还是一直火辣辣地疼,一直没有好转,老朱比我还急,一直在稿纸上写写画画,终于他拉我一起去了医务室。徐医生看了看,耐心地对老朱说:"他的伤口只是一时的,只要不干出伤害它的事就行了。"老朱着急地看了看我,又和我说了好多不要做的事,然后搀扶着我走出了医务室。我看着他,心中萌发出一丝丝感动。

放学了,我的伤口也结痂了,老朱却又急吼吼地冲到了我的腿前,看了好久后,才松了口气。接着,他又紧盯着我走出了校门口,走时还不忘和我说要小心伤口。我的感动像一棵发芽的小树苗,经过大雨的滋润成了一棵参天大树。

感动其实就在你身边,只是你没完全感受到而已。感动是小鸟对大鸟的报答、父母对孩子的宠爱,更是同学之间的互帮互助。在生活中,我们也应当尽量宽容温和,做一个温柔善良的人。

诚信游戏

　　假如你是一只凶猛的猎狗,那诚信就是你灵敏的嗅觉;假如你是一株美丽的花朵,那诚信就是你清香的气味;假如你是一条活泼的小鱼,那诚信就是你身边清凉的河水。可见,诚信是多么重要。

　　一天上午,操场上格外热闹,原来是同学们在玩"老鹰捉小鸡"呀。你看,同学们如同一只只大鸟在自由飞翔。其中的一只"小鸡"正是我,"老鹰"是班长安琪同学,"母鸡"佳涵则守护着大家的安全。游戏规则有一点,即不准耍赖。安琪同学仿佛龙卷风,不一会儿,弱小的我便被她捉回巢穴。我心里一点儿也不开心,于是做出了一个不诚信的决定。只见我绕过安琪,冲向队伍。大家个个涨红了脸,朝我大吼:"请问,耍赖是规则吗? 如果不是,那请你赶快回去。"我强词夺理,最终,大家对视了一眼,叹了口气,转身离开了。

　　我走在回教室的路上,心中十分忐忑,难道我做错了什么吗? 此时,我的脑袋里仿佛有好几只小虫子在嗡嗡歌唱。这时,生活委员走了过来,小声地对我说:"你刚刚做了一件不诚信的事,现在你得赶紧去向大伙道歉。"可我还是丈二和尚摸不着头脑。生活委员是个有耐心的女生,她继续对我讲："诚信是个贵重的东西,你不珍惜它,它将会离你而去。"我恍然大悟,先向生活委员道了谢,再冲向同伴们。

我像一支离弦的箭"飞"到了同伴们面前。同伴们看到我,眉毛便皱成了一个大疙瘩。我连忙解释:"对不起,我没有诚信玩耍,我下次不会这么干了。"同伴们大方地原谅了我,大家一起发誓:永不说谎,诚信重要。

古人云:"民无信不立。"一个团体,没有诚信,就会解散;假如共产党中没有人守信,那就没有了现在美好的新中国;假如一个国家没有一个人拥有诚信,整个国家都会因此而走下坡路。所以,同学们一定要守诚信哟。

Summer's Music

　　美丽的春小姐收拾好行李,回到了故乡,狂野的夏小弟正携带着乐器走来。听,他又要演奏乐曲了。

　　他走到了山村里。听,风像一位百米赛跑的运动员,飞速地冲过庄稼们,庄稼们摇晃着,发出了动听的"沙沙"声。青蛙先生也不甘示弱,跳上荷叶舞台,唱起了动听的歌曲,"呱,呱",令人无比陶醉。小鸟妹妹也开始展示自己的歌喉,整个山村都被夏天的乐曲包围着。

　　他接着走到了树林中。听,风又在树叶间来回穿梭,树叶们也互相碰撞,演奏出了独一无二的美妙歌声,"嘭嚓嚓,嘭嚓嚓"。这动静又将地鼠夫人惊醒,她开始钻出地面,竟然也奏出了夏天的乐曲,"咚,咚"。连啄木鸟奶奶也敲起了木桩,"笃,笃"。就这样,树林中也充满了夏天的乐曲。

　　夏小弟又来到了海边。听,浪小哥拍打着沙子,发出了"啪,啪"的响声。海里的贝壳们也坐不住了,张开大嘴,一张一合,发出了美妙的乐曲。这样好听的"嗒嗒"声,又传进了鱼儿们的"耳朵"里,它们竟拍打起对方的鱼尾来,水波形成了一股能量,使这片海洋都被"咕噜"声包裹起来。

　　当然,夏小弟不仅奏出了美妙的乐曲,还奏出了一些不和谐的声音。猎人们闯进森林,抓住了地鼠夫人和啄木鸟奶奶,她们痛苦的叫声透着悲哀和痛恨。游客们把许许多多的垃圾扔进海洋,浪小哥再把它们拍在海滩上,使那里变得十分脏。渔民们开始抓海洋生物,贝壳与鱼儿使劲挣扎,发出"哗啦"的声音,这声音仿佛是诅咒。甚至还有不和谐的战争声,大炮"砰砰"地飞向城市,仿佛在讽刺,人们那鬼哭狼嚎更加突出了不和谐的乐曲。

听,这就是夏天的声音,只要你留心听,就能听见夏天的乐曲。

善良的他

　　清晨,一缕缕金黄的阳光,温柔地洒进了我们的教室,照亮了我们班小钱同学那精神的脸庞。

　　昔日的时光中,小钱同学如同一只不起眼的蚂蚁,经常被大家冷落,况且他的成绩往往倒数第一,像一条落在网里的小鱼,总是无法逃脱。就这样,慢慢地,他成了大家的笑柄。

　　可这一切,却在这几天被打破了。有一天中午,食堂阿姨正费力地推着我们的剩饭剩菜,可她年纪大了,一不留神一个大罐子砸了下来,米粒撒了一地。瞬间所有师生都被惊动了,大家纷纷出来观看这一"奇观"。正在阿姨像热锅上的蚂蚁一样急得团团转时,正在被追逐的小钱同学大步流星地走了过来。在所有同学诧异的眼神下,小钱同学竟帮食堂阿姨捡起了米粒,他拼命弯下自己肥硕的身体,好不容易才捡到了米粒,才捡了一会儿就累得满头大汗,食堂阿姨见状连忙说:"小同学,看把你累得汗如雨下的,还是我来捡吧。"小钱同学头摇得像拨浪鼓一样,依旧费力地捡着米粒。终于,他捡完了最后一粒米,已有些站立不稳,但他还是勉强挤出了一丝微笑。围观的老师和学生都呆住了,须臾过后,大家响起了热烈的掌声。

　　还有一天下午，男生们正在踢足球，说时迟那时快，老苏飞快地把球传向了我，并大喊道："孟孟，快接球，全靠你了。"我顿时感到身上背着一座泰山，我只好用上吃奶的劲将球踢进了由"恶霸"小悦同学守护的球门。"耶！胜利了！"大家全部拥抱在一起。"不公平，他用了手。"小悦强词夺理道。大家各不服输，就在大家快要打起来之时，小钱同学走了过来，小悦却把他推开了，还恶狠狠地警告他，让他别想闯入球场。小钱同学不理他，缓缓地说道："孟孟没用手，你们无论如何也不准打架。"小悦气急败坏地捏起了拳头，又被打了下去。也幸亏有了小钱同学的这一份善良，否则将会引发一场不必要的大战。

　　在之后的日子中，大家慢慢地发现了小钱同学的善良，就是这份温暖的善良，渐渐地化解了我们之间那冰冷而又坚固的隔阂。

黑　夜

　　夜空中的星星孤独地眨着眼睛，显出丝丝困意；风儿掠过大地，让冰凉在人间嬉戏，连傲气的野花也把头低垂，似乎在叹着气；测试失利的我，难过地走在小道上，望着路旁的一切，心里满是空虚。

　　行人中出现了两个顽皮的背影，是两个低年级的小孩在玩耍，他们时而奔跑，时而跳跃，将身旁青青的野草踩得凌乱。我心中不免产生厌恶，两个好没家教的小孩！可那两个小孩不但没有感到羞耻，反而不满足，又去寻找新的乐子。我的视线也随着他们在移动，他们拿了一根较长的树枝，兵分两路，蹲在了道路两边。我顿时明白了他们的玩法，他们想用绊倒别人的方法来取乐。我心中不免燃起了熊熊怒火，决定冲过去阻止这种不良行为。

　　不远处走来了一个女孩，她手中牵了一条看起来温顺可爱的小狗，她轻快地走到了路口，马上就要陷入两个小孩的陷阱了。可忽然，小狗变得凶猛起来，它的眼睛中流露出凶狠，警惕地看着周围，接着对两个小孩汪汪大叫起来，仿佛在保护主人。那两个小孩见势不妙，扔下手中的树枝，哭着跑向了远方。

　　小狗刚想冲上去决一死战,却被女孩拉住了。"谢谢你。"女孩甜美一笑,小狗也收回了凶狠的眼神,摇着尾巴,乖巧地向女孩卖萌。女孩甩了甩头发,牵着狗向前方行去。看着眼前的一切,我有所感悟。

　　爱,不光在于父母,不光在于老师,也不光在于伙伴。爱,可以是你身边的陌生人,可以是身边的一只宠物,也可以是一些微不足道的事情。爱,无处不在。

　　星星开始变得明亮起来,在漆黑的夜空中熠熠生辉;冰凉被温暖替代,在晚风中逐渐逝去;一滴水珠滴在野花身上,鼓励野花抬起了头;我刚刚那些烦恼也烟消云散。在这个晚上,我明白了,爱,无处不在。

成长的力量

　　一粒种子,孤独地埋在阴冷的泥土中,想改变命运,只能靠成长。人也一样,不成长,岂能获得成功的蓝图?

　　乌云密布,远处吹来一阵刺骨的风,树叶抵不住这份力量,通通坠落于河流间……课上,陈老师正在讲古诗翻译,催眠曲般的声音弥漫于教室,几乎所有人都摇摇晃晃,昏昏欲睡。抵抗不住老师的催眠,我转身与老王侃侃而谈。风,是个无情的叛徒,它将一切一五一十地汇报给了老师。老师怒不可遏,也叹了口气:"孺子不可教也。"话一出口,下课铃声就缓缓地入侵了教室。

　　风好像更冷了,我站在走廊上,略感心灰意冷。我虽一动不动,但内心却浮想联翩:差生是我的称号吗?上课时走神是我的作风吗?我是个长不大的人吗?我……想到这儿,我低下了头。雨也不知何时下了起来。

　　第二节语文课在雨的洗礼中开始了,老王立马从后面发出聊天的暗示,却被我拒绝。我死死地抓着书本和红笔,努力让自身清醒过来。果不其然,催眠曲般的声音于耳边响起,沉重的音乐拉扯着我的眼皮。我可以的……在我要放弃的那一刻,一道洪亮的声音如阳光般照入我的心灵,我立马抬起了头,随之,下课铃声再度响起。雨,悄然而停。

回家后,眼神与漫画书不谋而合,我的手不自觉地拿起了漫画书。可是……我只好放下了漫画书,随即打开了课本。漫画书的封面被风吹开了,我也没有瞄它一眼。时间在快速飞驰,可我却不知道……

第二天上午,陈老师又给我们发了试卷,外面寒风刺骨,树叶又在哀号。我连忙填上姓名,便奋笔疾书,试卷上的题目似乎在与我宣战,我却毫不畏惧,很快便完成了答卷。我趴在桌子上一动不动,妄想休息。还是先检查吧!我的脑海中浮现出昨天的努力,不能让自己的松懈白费以前的努力。风在吹,但似乎又不存在。收卷的时间到了,我自信地把卷子交了上去。不知不觉间,我又把书本拿了起来。太阳在微笑……

分数马上就出来了,我的试卷从老师的笑容中来到了我面前:满分。昔日的努力全都体现在这张卷子上,这一刻,我发现我成长了。只有努力争取,才能成功,我以后一定会再接再厉,不断突破自我。

春天来了,花儿开了,我成长了……

那一瞬间，我睁开了双眼

"小孟，你来回答这道题。"数学老师的话如闪电般刺入我的耳朵，我一激灵，从位置上站了起来。题目是一个隐藏的恶魔，随时与我进行斗争，最终我寡不敌众，败下阵来。我趴在桌子上，闭上了双眼……

下课铃声在不知不觉中响起，同学们陆续走出教室，小陈却得意地朝我走来。小陈犹如一只骄傲的公鸡般甩了甩头发，像变戏法般掏出一本练习册，不屑地看着我。尽管她一言不发，但我终究明白她的意思，她在无情地嘲笑我、贬低我。天色暗了下来，我再次闭上了双眼。

不巧，中午自习时分，数学老师发下了《学能评价》，让我们进行测试。我如同迷路的人，站在十字路口，失去了方向。我的手颤抖着，眼神十分迷离，题目如同拦路的标志般阻拦着我，我的双眼忽然模糊了，仿佛看到了千万个红叉组成的网朝我飞来，我感到身子一软，瘫在了桌子上。批改完的《学能评价》不一会儿就发下来了，我没有勇气翻开本子，不断地摸着封面，最终，我深吸了一口气，以迅雷不及掩耳之势翻开书本，一个巨大的八十分耸立在我的面前，我感到一阵眩晕，闭上双眼……

好事不出门,坏事传千里。爱八卦的小陈立马知道了我的成绩,她不顾他人嫌弃的目光,高高地举起了她的本子,本子像散发着光的玉石,光彩夺目,上面赫然写着九十六分,她冷笑一声,转过身,扬长而去。我望着她黑暗的背影,呜咽了一声,趴在桌子上,闭上双眼……

晚上,我照常一个人躲在书房里自言自语,忽然,妈妈走了进来。我面无表情地抬起了头,被折磨了一天的胖脸上不明显地多了道泪痕。妈妈打开手机,点开数学老师的微信,上面写了一行字:"其实我挺看好小孟的,他上课很认真,可以让他多做点题,有不懂的可以来问我。"这行字如同一盏明灯,照亮了我黑暗的心灵。一瞬间,我的内心绽放出了彩色的光芒,一切在我的眼中变得明亮了起来,在这一瞬间,我睁开了我明亮的双眼,我的内心十分兴奋,仿佛在高声尖叫。数学老师对我的关心,让我有了睁开那双原本明亮的眼睛的勇气。

尽管后来我又遇到了很多难题,遭受了小陈的嘲笑,但我依旧在努力,向大众证明我自己,我可以超越自己,走向成功的光明大道!

那一瞬间,我睁开了双眼……

晓风中,你昂起头

晓风中,我又看见了他昂起头。时间仿佛在这一刻静止了,只有他孤身一人在奋力前进,铿锵有力,这是一道阳光且感人的风景线。

每日清晨,当阳光拨开云雾现出光明时,他都会出门跑步。他拖着圆圆的身体,挥动如烤肠般的四肢奔跑时,让人不免觉得好笑。更有人因此嘲笑他:"以为这样跑步便能抖掉几斤肉?"面对他人的恶意嘲讽,他似乎没有感觉。

时间在吞噬岁月,许多人都认为他已经放弃了,时间也似乎忘记了他,给他蒙上了一层面纱。一日,我闲来无事下楼散步时,惊讶地看见了他。他还是从前那个他吗?满脸的横肉已所剩无几,硕大的身体也逐渐苗条,他脸上细微的汗珠滑落,他的脚步愈发矫健。他看见了我,便向我挥了挥手,扬长而去。

梅雨季节的到来,也许打乱了他跑步的计划。近日总是乌云密布,雨水纷纷落下,地面湿滑,不宜跑步,极易让人松懈,他的计划也许泡汤了。雨水打湿了窗户,为窗户盖上一层纱布,我无意中抹开,却无比惊讶:他拿着一把雨伞,在大风大雨中奋力奔跑。雨水打湿了他的短袖,却未激起一丝寒意。雨，似乎消失了，只留下他逐渐模糊远去的背影。

　　岁月又流失了，他的身影又消失在我的视野中。他也许是病了，也许是走了。清晨，晓风照常与阳光相约，花草在风中摇曳，吐露芬芳。我出乎意料地又遇见了他。他与初时判若两人，如今的他苗条略带健壮，岁月的流逝带走了他体内的脂肪，他成功了。我正思索着，他脚底竟打了个软摔倒在地，线条优美的手臂上出现了一道鲜红的伤疤。我愣住了，竟不知如何是好。他还能坚持吗？我的大脑还未反应过来时，他双手撑地，缓缓站了起来，义无反顾地往前冲去。晓风中，他昂起头，毫无畏惧地向前冲刺的样子让我感动，这是一道阳光且感人的风景。

　　这就是他，从一开始的肥胖到如今的健壮，一切都是他的坚持不懈造就的。他身上每一滴晶莹的汗珠，每一道鲜红的伤疤，都是他跑的每一步留下的。他身上滴落的每一滴雨水，吹过的每一道刺骨寒风，都见证着他每一天的坚持。只有坚持不懈，才能创造不可能，才能超越自我，去迎接成功带来的喜悦，不去坚持，不经历风雨，又岂能看到风雨之后绚丽迷人的彩虹？

　　晓风中，他昂起头，创造了一道阳光且感人的风景。

探索·腾飞

　　自远古至今,从相信虚无缥缈的诸仙到探索科技,人类在这漫长且波折的时空中持续钻研,创造了美好的生活。探索,让人类腾飞,让人类在一切领域腾飞。

　　古有鲁班。他仅是个学徒,自小跟着师父学习木工。有一次,他意外跌倒,滚落山间时手被一种植物割破。当时的鲁班没有关心自己血红的伤口,反而在思考此植物为何如此锋利。在不断探索与实践后,鲁班借鉴了这种植物的特征,发明了一种能方便砍树的工具——锯。另外,鲁班又发现,在下雨时,人们常无遮挡物而四处避雨,稍有不慎便会淋湿着凉。凉亭之所以能成为一个适合人们休息的地方,是因它上部呈三角形,牢固且可遮阳避雨。鲁班借鉴了凉亭的特征,发明了另一样工具——伞。若无鲁班的探索,当时哪会有此工具的发展?

　　今有邓稼先。之前我国军事实力不佳,遭受外国凌辱,美国一家报纸上这样说:"中国能造出核武器的人还未出世呢!"邓稼先于是隐姓埋名于深山老林,开始研发核武器。他不断探索与学习,并一次次与病魔做斗争,甚至多次与核辐射正面接触,抵抗力大大降低,也许一场小小的感冒就可能把他置于死地。但邓稼先从未有退缩之心,一心为中国核武器研究工作做贡献,一直对未知进行探索。终于,中国第一颗原子弹成功爆炸。若无邓稼先的探索,哪会有中国军事之腾飞?

国外亦有爱迪生。在遥远的过去,一到夜晚人们就会处于无边无垠的黑暗中。而爱迪生决定打破僵局,发明一种比煤油灯更好的照明工具。爱迪生遭到了人们的冷嘲热讽,被认为是痴人说梦。爱迪生并没有放弃研究,而是展开了漫长的探索之旅。爱迪生不断尝试更换材料,不断去探索会发光的东西,可多次以失败告终。但爱迪生却能在一次次失败后重新站起来,继续探索新知。最终,他在数千次的失败中看到了一丝丝希望,并全力以赴,发明了一种能让人类在夜晚照明的工具——电灯。若无爱迪生的探索,哪会有人类生活之腾飞?

自远古至今,科技在飞跃似的进步,而推进这一点的则是探索。探索,让人类的各方各面腾飞!

家风甚重要

家风，好似一个谜，它有点虚无缥缈，让我捉摸不透，又看似浅显易懂，让我浮想联翩。那到底我们家的家风是什么？不如去问问。

"咚咚。""请进。"我走进妈妈的房间。当我询问她我们家的家风是什么时，她却嫣然一笑，笑罢，示意我报出数学测试分数，我窘迫地掏出数学试卷，尴尬地望着妈妈，妈妈"笑"而不语。我仿佛想到什么，哦，原来我们家的家风是诚实。想罢我便匆匆离开妈妈的房间去询问爸爸。

我爸爸似乎常接着永无休止的电话，解决鸡毛蒜皮、啼笑皆非的小事。我趁他休息，便见缝插针地问他："我们家的家风是什么？"爸爸略带忧伤："都怪我年少时没有认真学习，只上了职高便去工作了，没有踏踏实实地走好那几步，现在工作那么辛苦。"说罢又长叹一口气。"这话是什么意思？里面没有提到家风啊？"我疑惑不解。"你小子性子真急，都没听我说完，由于吸取了年轻时的经验教训，我现在变得踏实了，一步一个脚印，不再走错误的路线了。"听罢，我恍然大悟，我们家的家风是踏实。"但愿如此！"我做了个鬼脸，匆匆赶往书房。

　　就这两个家风吗？也许还有。我默想着，回想往事。每当我们出去游玩或走亲访友时，都会以亲切的微笑表达友好；每当我们倾听别人正确的意见或友好的话语时，也会以善意的微笑表达友善；每当我们领会老师的谆谆教导或收到和蔼的问候时，更会以尊敬的微笑表达感恩。我仿佛又明白了，我们的家风是笑，它能促进人们更加友善。

　　我又查找了资料，再次领悟了家风的重要。"中国航天之父"钱学森在孩提时，便问他父亲钱均夫："《水浒传》里的一百零八将都是天上的星宿下凡，那么，优秀的人都一定是天上的星宿下凡吗？"他父亲不但没有开玩笑，反而把他当成成人看待："不是的，他们并不是天上的星宿下凡，而是他们努力、好学，才成了优秀的人。"后来，钱学森也受父亲的影响，发奋苦读，为中国航天事业做出了重大贡献。另外，还有许多名人因家风优良而做出了辉煌的事业，在人类历史长河中熠熠生辉，可见家风对一个人是十分重要的。

　　数万万家庭的孩子正在受各家的家风之影响，此时我不禁感慨：家风甚重要。

任奕垚

五年级

记忆深处的脚印

　　在那如海般的记忆中,游弋着许多的生命,它们在每时每刻都会留下一个脚印,但有个脚印的痕迹却很深。

　　记得那是个雨天,天空似乎十分有精神,向人间播撒爱意的雨滴,似乎还吐着凉气,让这一天带点丝丝的凄凉。此时的我正和表哥在外婆家,我们准备去雨中抓鱼虾。因正值过年,外婆和母亲也温和了些,同意了这次外出。我像一只迫不及待的猴子似的马上就穿好了雨鞋,带上了雨伞。表哥还在一旁准备工具,并低头叫道:"今天桶里准能装满鱼虾!"他话音刚落,我们就出发了。

　　我们一路上踏着泥土,顶着小雨,别提有多兴奋了,我心里也一直小声地念着:"今天天气这么合适,肯定能捉到好多鱼虾。"我嘴一停下,就到了我和表哥最熟悉的地方——小溪旁。只见表哥一副很专业的样子:手握着小渔网,两只眼睛目不转睛地望着水面,像雷达似的,总感觉能一下子抓到好多鱼虾。此时,雨公公生气了,雨便渐渐地大了起来。但我们是不可能放弃抓鱼虾的念头的。此时,我和表哥同时看见了一条在石缝处摇摇摆摆的鱼。"机会来了,这是种机智的鱼,我来抓。"表哥放低了音量对我说。我刚答应完,不妙的事情就发生了。

　　只见表哥用两只手想把它给抓住，可这条鱼是机智的呀，表哥没抓到，自己还一头栽进了水里，那条鱼却自己跑了，我不禁偷偷地笑了起来。"不行，再来，我就不信抓不到你!"表哥愤怒的表情慢慢转为坚定的意志。他鼓起勇气，再次提起渔网，对着水里就是一顿乱抓。"你在干吗?"我疑惑不解。"我只是在试探水里的情况，判断一下那条机智的鱼所在的方向，好让我一把抓住。"表哥一本正经地回答道。在旁"观战"的我也加入了这场"没有硝烟的战争"，决定和表哥一起奋斗到底。雨公公的气似乎消了些，我们也迎来了一次胜利的机会。那条鱼故意游到我们面前。"这鱼如果是人，那太骄傲了!"表哥不禁讥笑道，随手就把这条机智的鱼给抓住了。"太棒了，我们终于成功了!"我们不禁一同叫道。

　　天空，依然下着小雨。天地间，只留下了我和表哥的脚印，以及渐渐消失在雨景中的背影。

无名的奋斗者

　　逝者如斯，在这如流水般的时光中，有一片清泉的声响一直印在我的心田。

　　那是一个炎热的下午，太阳似乎张开了大嘴，一直往空气中吐热气，整条柏油马路烫得如高温下的铁板。人只要一触碰，那火辣辣的感觉立刻会充满全身。在这样炎热的下午，我正坐在母亲的车里，往家中去。一路上的情景我记得很清楚：小草们纷纷低下了头，闷声闷气的，一点儿生气都没有；小树们虚弱地站立着，似乎已经好几天没吸收营养了；而大树们有些则掉光了树叶，显示出一副光杆而不丰满的样子，如果风再猛烈地一吹，恐怕路边没有一棵树能笔直地站着了。

　　转眼间，车开到了我最熟悉的冰激凌店。"嘿嘿，可以买冰激凌吗？"我不禁心中暗暗叫喜道。一番争论后，母亲被我说服了，答应给我买冰激凌。门一打开，热气便向我扑来。母亲立刻牵住我的手往冰激凌店走。"哎呀！什么东西。"我大叫道。原来是一片枫叶掉到了我的头上，这片枫叶吸引了我的注意力，我好奇的目光跟随着那片枫叶，它反而像跟我作对似的，总想逃离我的视线。最终它还是飘到了一群穿着橙色衣服的人身旁。

　　我好奇地打量着那些人：身穿橙色的外套，头戴橙色的鸭舌帽，脸上的皱纹像心电图似的，一条条一道道的。从远处看，就像是一根根橙色的木棍，因为他们的身材在我们外人眼中看来很瘦。一番打量后，我才明白他们是扫地的爷爷奶奶。在这之后，我还是一直望着他们，心中刚有了一丝丝的感动，却被母亲无情地牵走了。她一手拿着冰激凌递给我，一手牵着我的手到车上，我还是一直望着扫地的爷爷奶奶们，心里忽然有了一丝丝的苦涩。吃着冰激凌时，我突然看到了一幅景象：一位爷爷发现车道上有一片枫叶，刚想去扫，一辆小轿车突然飞驰而来，还好司机及时刹车，才没有发生事故。看到这里，我的眼泪在不知不觉中落在了冰激凌上，和冰激凌一同在车中化掉了。

　　在太阳的炎热之下，有那么一群人，为了这人世间而奋斗！

大厨成功的秘诀

在一个凉爽的晚上,一股扑鼻的饭菜味道从五楼飘散了出来,一直飘荡在整栋楼间。

今天我的心情格外兴奋,脑海中就蹦出了个点子:闲着无聊,就帮母亲做做菜吧! 于是,我迈着大步走向厨房,信心十足地说道:"今天的大鱼大虾就交给我吧!""今天我们不吃口味那么重的,要么你炒碗芹菜吧。"母亲温柔地说道。我很无奈,只好勉勉强强地"嗯"了一声。

"来吧,就让我这位深藏不露的有能力的大厨,教你们怎么炒芹菜吧!"我似乎是在跟那些"蔬菜客官"讲话。虽然是道小菜,但还是有一定的炒菜顺序的。首先,准备食材:芹菜、豆腐块、胡萝卜、肉块和调味料。接着,我开始把所有食材切成一条条的,在这过程中我差点切到手指了,这对我这样的大厨来说,简直就是低级错误。过了一会儿,四位"蔬菜胖子先生"都被我切成了一位位"身材苗条的蔬菜小姐"。接下来就是最关键的一步:炒。把胡萝卜丝、豆腐丝和肉丝倒入装了一点油的锅里,最好是"热锅凉油"。全部倒完后,我就挥起了我的"厨神所用之铲",使劲在锅里翻来翻去。

锅里满是"嗞——哗嗞——"的美妙声音,再加上我那超娴熟的动作翻炒出来的声音,厨房简直成了音乐会现场,连在外边看新闻和电视剧的爸爸与姐姐也被这种声音吸引了。他们走到厨房,在一旁围观,看我是如何指挥并演奏出这美妙音乐的。刚刚还是一帆风顺的,现在马上出了差错。锅里突然溅起了能让人感觉到一丝疼痛的"火光",看来已经到了可以放芹菜的时候。于是,我把芹菜倒了进去,还放入了糖和料酒来提鲜。然后,我又进入一番翻炒的过程。过了两三分钟,我倒入了一些水和盐,并盖上了锅盖,当锅内充满热气时,我把锅盖打开,把里面的芹菜盛了出来。那股家乡味扑鼻而来,爸爸妈妈都夸我炒得好。

炒芹菜这道菜,体现了本大厨的手艺,欢迎你到我家来品尝这道菜!

夏 之 曲

　　那玲珑小巧的春姑娘走后，风度翩翩的夏先生握着指挥棒，急匆匆地赶到了柳树旁。

　　夏之曲有时是激情澎湃的。顽皮的风在天空的怀抱中玩腻了，便话也没说，溜到了小溪旁。他淘气地玩弄着柳树姑娘们的头发，把她们惹怒了，便迎来了这段曲子的前奏：柳叶在风中随风飘动，摇摇摆摆，像几位喝醉酒的诗人。风这孩子又不小心触碰到了小溪弟弟那洁白如玉的衣服，小溪弟弟便控制不住自己似的大哭起来，翻起了一阵阵的浪花与波涛，有时甚至把水溅到嬉笑的人们身上。波涛与浪花完美地构成了一幅激昂放飞的水墨画。此时，风在他引起的喧笑声中逃走了，前奏也无声无息地结束了。

　　夏之曲有时是低调缓慢的。在风偷偷走了后，这段宁静的下午时光充分地让柳树、小溪们感到了慰藉。由此，这段曲子的前奏也开始了：柳树们慢悠悠地摆动着自己的辫子，在享受着这美妙的午后时光。她们时而低头望着小溪弟弟，慢慢地安慰他；时而瞭望着远处的美好景象，盼望有机会能去那边旅行；时而仰望天空，自问一些充满意思的问题，即使自己处于危境，也能够振作起来，面对现实。小溪弟弟也慢慢地振作了,他摇摆着自己的身子,用自己全身的力气溅起了一丝水花,也能一起感受兴奋之情。

夏之曲有时是凄凉哀婉的。在夜晚这阴凉的环境下,所有的生命似乎都已经奄奄一息。忽然,又吹起那一阵阵凉风,这夜晚也显得恐怖了些,这段曲子的前奏便也开始了:风凄凉地吹拂着柳树们,她们好像没了力气似的,轻轻地碰了碰风,与他来了次最后的交往。小溪弟弟睡熟了,在这阴暗的夜晚,他可是最承受不住压力的人。他像是奄奄一息似的,平躺着,望着柳树姑娘们,轻轻地嘴角一动,露出了笑脸。

夏先生忙碌完了,在立秋前一天就打包走了,这位先生演奏的音乐真有趣,画面感也真美啊!

一段香

　　古人云："梅须逊雪三分白,雪却输梅一段香。"在这一枝小梅花的激励下,人间才有众多文豪挥毫泼墨,这小小的梅花到底有多厉害呢?

　　梅花的特点有很多,其中颜色就有紫红、粉红、纯白、淡灰等。除了色彩丰富,梅花的形态也是千变万化:有的低着脑袋,默默地展示自己那绚丽的花瓣;有的仰着头,张开了它的花瓣,像是在吸收营养似的;有的还是一个花苞,像未睡醒的婴儿,在枝上安眠。除了这两个特点外,梅花还有一个特点至为关键,那就是:香。王安石曾说过:"遥知不是雪,为有暗香来。"虽然梅花的样子像雪,但是根据它飘来的香气也能够认出它是梅花,可见梅花的香气虽不能在众花中称冠军,但它的香气也可以说是独一无二的。

　　梅花厉害的原因非品质莫属。它那傲霜斗雪的精神从古至今无人不晓,所以大多数的文人墨客都被它的精神所感动,就出现了《咏梅》《一剪梅》《梅花赞》等众多名诗与名歌。

　　寒风呼啸、大雪纷飞的冬日,我在户外看见那一枝枝梅花,便想起了它全身饱含的精神,更想起了那些不向生活低头折节的扫雪环卫人员,他们在风雪中努力工作的样子十分帅气。他们是"早起的鸟儿",为这个世界贡献出自己的一份努力。我们开车遇到了雪的阻碍,他们便是第一群挺身而出的勇者,为我们开辟前进的道路。我们似乎是冬日里其他的花朵,遇到了苦难,便想放弃了。但他们始终坚持自己的信念,就如生长在风雪中的梅花。他们只有一把扫把,每日刻苦地扫着。他们不屈不挠的精神始终印在我们的心里,我们怕苦,他们却一直站在风雪的危险口,他们配得上被称为生活中的"梅花"。

　　梅花傲霜斗雪的品质,以及那些在风雪中认真工作的环卫人员,我永远也不会忘记!

一杯热牛奶

　　有人说,礼物是一缕温暖的阳光,滋润了人们的心田;有人说,礼物是一片清泉,那泉水的声响时刻提醒着我们如何前行;有人说,礼物还是一片绿色的草地,诉说着大自然的神奇奥秘。

　　一天,外面狂风暴雨,天气很糟糕。我坐在书房里,静静地思考着我遇到的问题。过了许久,天气变得更糟糕了,一道闪电突然划过天际,随之而来的是一阵阵的轰鸣声。忽然,我被其中的一声惊吓到了,脑海中渐渐地浮出一个画面:老师缓慢地走了过来,轻轻在我的位置上放下一张试卷,他还一本正经地对着大家说了句"大家加油,快点订正,别成为最后一个交卷的人"。我看着试卷上的错题,脑海里开始思考一个接一个的问题,它们像一堵堵墙壁似的,挡住了我。我正在思考,突然,一个声音叫了起来:"我订正好了!"紧接着又一个声音叫了起来:"我也订正好了!"顿时,一大批如海水般的人一齐冲了上去。这一局面给我的心来了次重重的打击,我呆若木鸡,坐在位置上。老师迅速地走到我面前,毫不同情地说了句:"傍晚留个五分钟左右。"

　　听到这句话,我瞬间惊醒了,满脑子全是嬉笑声以及那一堵堵墙的压迫感。我望着那张试卷,控制不住自己,小声地抽泣起来,眼泪簌簌地往下流。天还在下雨,我的心情也随着天气的变化而改变。突然有一刻,我找回了意识,拿了几张餐巾纸,慢慢地抹去脸上的泪水。继续思考试卷上的题目,继续在如迷宫般的数学错题里徘徊。

此时,门外传来一阵阵的"咚咚咚"声。机灵的我立即就猜到是母亲来了。她缓缓打开了门,视野渐渐地开阔了,她望着我的一举一动,她突然开口了:"有没有口渴?我给你拿了杯热牛奶。""哦,不需要,谢谢。"我低着头说道。我还以为她走了,没想到她一直待在门后的角落里。我一点都不在意,继续思考着。雨慢慢地停了,我又往门那边看去,母亲走了,但是那杯热牛奶一直放在门后也就是屋内的凳子上。我有意识地拿起了热牛奶,喝了一口,一股暖流瞬间充满了全身。我又坐了下来,再喝了一口,心灵得到充分的慰藉,于是,我又开始奋斗了,那些问题瞬间被我攻破了。

那杯热牛奶,充满了母亲对我的爱,让我努力向前乘风破浪,是我人生最珍贵的礼物。

与病魔抗争

那一次，我不幸被滚烫的菜烫了，我不能自已地大哭起来。但那时，我的脑海中浮现出了贝多芬、保尔等许许多多克服困难的人，这让我心中打开了一扇窗。

在暴风雨即将到来之际，我和我的伙伴在院子里争先恐后地捡着垃圾。"你们这些孩子，小心点儿。"母亲喊道，"别把裤子和衣服弄脏了。"我脑海中不禁徘徊着一个念头：脏了就脏了，到时候我自已洗不行吗！我"嘻嘻"地笑了几声，老鼠般锐利的眼睛已经洞察到了墙角那个"漏网之鱼"。我像贼似的小心翼翼地走到墙角，先向四周环视了一圈。发现没有人来跟我争夺这个"漏网之鱼"，于是，我张开大手，向伙伴宣誓道："啊哈哈，这个可乐瓶归我了！"我似乎中了邪，不知哪来的速度，竟一溜烟地冲向了客厅，但老天爷总要在此使坏，糟糕！不妙的感觉在我的脑海中瞬间飘过。

一个装着滚烫的菜的盆子，像要吃了我似的，一个劲儿地往我的身上扑。"啊！"我大叫着。菜已经紧贴在卧倒的我的身上了，它散发着一股诱人的味道。但最糟糕的是，盆子碎了，而且那"滚烫的岩浆"竟扑在了我那细腻柔滑的左脸上。我顿时控制不住自己，像中了子弹似的闷住气，但那凶

　　猛病魔还是占据了我的身体。一次次头晕后,在父母开车送我去医院的途中,我迷迷糊糊地晕倒了。等我醒来后,我发现自己穿着蓝白相间的衣服,躺在蓝白相间的床上。那一瞬间,我很失落,我用无力的眼神望着房间中爸妈的一举一动。我感觉没了体力,觉得自己不会走路了,觉得自己没了味觉与嗅觉,似乎整个人也没了似的。恍恍惚惚的我在那几天受着病魔无情肆虐,在它的眼中我似乎是个没有情感的木偶。

　　不能再这样下去了,不能再这样过下去了,我不禁这样想。我闭上眼睛,使劲在病魔的手中挣扎。这时,我靠自己打开了一扇窗,它向我传递温暖。那扇窗里印着保尔、印着贝多芬、印着各种人。他们似乎在向我传入希望,传入力量,最后,顽强的我还是挣脱了病魔的手掌。

　　这次与病魔抗击的过程,使我明白:遇到挫折与苦难,第一时间不应该向它们低头,而是应该积极地面对它们,并战胜它们!

男孩的突破
——读《一头特别牛的牛》有感

因为台风的原因,我不能去上暑假班,这让我十分失望。但我可以趁着这机会,看完早就让我心灵受到触动的一本叫《一头特别牛的牛》的书。

这本书的作者是曹文轩,主要讲了男孩为了买海牛而与牛搏斗的故事。

书中男孩的勇敢让我十分敬佩,我深深地体会到了一个十五岁的男孩成为男子汉的突破过程。其中让我最感动的是他拼命地与牛搏斗这个场面。为了买海牛耕地,那个男孩便独自一人踏上了买海牛的道路,他坐车来到了买海牛的地方。因为海牛身形巨大,像一堵坚硬无比的铁墙,如果它拉着犁跑,就相当于我们人类拿着篮球跑一样,连牵着它的人也会满头大汗、气喘吁吁。所以,他们选择买海牛,这就引发了男孩牵牛的痛苦。回家后的几天,海牛都纹丝不动,男孩以为它会突然暴躁起来,所以一切行动都很小心。终于,有一天,那头牛突然跟发疯了似的,撒腿就跑。男孩气疯了,立即跑到它的前面,对着牛骂了几句,可牛像是没听到,又向前跑。这时牛绳断了,男孩感到绝望,但他梦到了奶奶,又鼓起勇气,追上了牛。我在文中看到:他的衣服被牛角划破,还流了满地的血。看到这里我吓了一跳,可见他是多么勇敢,连血都流了下来。我流下了眼泪,有点不敢直视下面的内容,也为他从一个男孩突破为男子汉感动。

男孩突破为男子汉的勇敢,让我想到了以前的自己。九岁时的一天,爸爸温柔地对我说:"垚,能不能到楼下去倒垃圾呀?"我顿时感到紧张:"爸爸,我还要做作业呢!""作业可以等会做,还有,倒垃圾用不了几分钟的时间。"爸爸说。"我……好吧。"我只能坦然回答。于是,我进了电梯,面对着电梯黑暗的画面,我十分紧张,心里像揣了一只兔子似的一直在跳。但我想,我一定能成功的。我在黑暗的电梯中咬牙坚持,最后,我看见了一丝希望,一道光芒直射到我的眼中,我心里顿时感到慰藉,马上跑出电梯,直奔垃圾桶旁。我随手扔了垃圾,又像兔子似的跑到电梯口,我再次被电梯中的黑暗笼罩时,我却没那么害怕了,因为我相信自己一定能克服的。

这就是一个男孩成为男子汉的突破过程,这也让我见到了一个男孩真正的勇敢!

那一刻,我感受到了怅惘

时间,是物质的永恒运动、变化的持续性和顺序性的表现。作为这几世纪都还在老生常谈的话题,也曾被很多人议论起。

古人有"流光容易把人抛,红了樱桃,绿了芭蕉"之抒情,"莫等闲,白了少年头,空悲切"之壮志;今人有"时间就像海绵里的水,只要愿挤,总还是有的"之呐喊,"时间就是生命,时间就是速度,时间就是力量"之唱谈。而如今的我,却陷入时间的旋涡,看不见一丝光芒,再次怅惘。

清晨,到了学校,又开始了日常的早读。可其他人的声音还是一如既往的聒噪,我不理会,继续捧着书,诵读着那一字一句。可还是没能控制住自己,脑中又开始幻想昨天的趣事,整个人像沉没在了其中,不能动弹。直到有人来痛诉,聒噪之声消散无影了,我亦可动弹,继续放出声诵读。但这一清晨的美好时光却白白浪费,我甚至连它的影子的去向都不知晓。我沉思,心情开始波动、起伏。

午时,我决定抓紧时间,抓紧它的影子。可一晃脑,发现我又在观赏他人的可笑表演。哈笑几声,不只消耗了化学能,更找不到它的去向了。我再沉思,心情波动得更快,起伏得更大,向怅惘的尽头又走了一步。

傍晚,马上要放学,我要赶快完成作业,赶紧抓牢时间的影子。"唉?我的那支小笔去哪了?我明明就放在这儿。"等我思索查找了半天,前桌才说掉他那儿了。"没关系,还来得及,时间还有很多……"但我一看怀表,不禁疑惑了:我的时间怎么没了,是我调快了怀表?我来不及思索,就得背上书包,排队离校了。此时,我陷入怅惘。

走在回家的路上,感觉似乎一切都那么不真实,我们是不是由数据代码构成的?也许脚下并不是实的,只是记忆中这是实在的,并不是虚拟的。"要是我能控制时间就好了。想快进几秒,就快进几秒;想回到昨天,就回到昨天;想暂停这一切,就暂停这一切;想放慢一切,就放慢一切……"一路上我都在自言自语。

午夜,我翻看各种科学杂志以及网络上关于时间的定义,这明明是由人们在几亿年前,就共同规定的,但如今我还是想打破这个权限,要是人能控制时间,那么他控制的就是一切了。我继续不断查找各种资料,同时,也在怅惘中越陷越深,行尸走肉,并不可以形容,只能说是一个毫无目标性的物质。

入睡前,我正拉上帘子时,眼前的一切那么温馨。那一刻,窗外虽是夜深之景,但仍有许多人在加班、学习、工作,为了跟时间赛跑,似乎连风也更大了,一切的一切又一次那么和谐地运动了起来。人总想得到满足,但却得不到满足。其实,真正能控制时间的人,是那些自律、勤奋的人,他们可以真正意义上控制时间,并不会被时间所控制,当时间的手中玩偶。

　　那一刻,我感受到了怅惘背后的力量。我也不再怅惘,因为我懂得这背后蕴藏着的人生哲理。

关于环保节能的倡议书

尊敬的广大中小学生：

我们人人都知晓，这个宇宙，这个美好的世界的诞生是多么神奇，令人发自内心地感受到了慷慨。人人都愿奉献出自身之力，为我们共同生活的星球，增光添彩。但你们可知，其中却有部分集体或个人在伤害我们的地球：乱丢垃圾，浪费纸张；三更半夜了，还开着那明亮的灯泡。为了个人利益，而随意浪费；为了个人便利，而破坏环境，给其他市民造成了不便。这种种状况，联系在一起，便折射出了破坏环境的恶劣现状。

为了树立自己的品格，为了不给他人造成麻烦，我提出以下倡议：

第一，环保——关于垃圾。人人都最讨厌垃圾，毕竟它所散发的臭气，令人十分难堪。但想做好把垃圾顺利投入垃圾箱这一过程，却难倒了众多人。所以，请你做好这一过程，不要嫌麻烦，难道你想整天待在臭气熏天的屋中？另外，也请你不要乱丢垃圾，干净美好的世界人人争创。

第二，环保——关于绿色出行。采用自行车等绿色出行工具，能大大减少二氧化碳的排放，少开私家车，可乘公共汽车,减少大气污染。

第三,节能。说实话节能比处理垃圾简单多了,主要分两点:其一,不管是入睡前还是出门前,都检查电器是否全部关闭。其二,在物质上节能,不要浪费纸张等资源。

那我们可以怎么做呢?我提出以下几点倡议:

第一,提醒自己不要忘了丢垃圾,随手带的垃圾要丢在路边的垃圾桶中,千万别乱丢。

第二,尽量绿色出行。低碳环保,人人有责,要减少二氧化碳的排放。

第三,入睡前以及出门前都要关电器,同时,也不要浪费纸张。

所以,美好世界由我们大家争创,让我们奉献出自己的一份力吧!

倡议人:任奕垚

2022年9月17日

贵人与仆人

　　天黑了，我总感觉心里有什么正在悄然萌发，饱满地生长，用力地推我，但并没有牵着我的鼻子。这就是我，自信的我。阳台外，黑幕似的天空中坐着一位光明贵人，站着上万个也不止的仆人。我仰望光明贵人，唉！我注视仆人们，嗯！这是肯定的，他们也就是我，这是同胞间的问候。

　　天越来越黑，是昏沉的黑，是迷茫的黑。仿佛天的影子向我扑来，等我仔细观察时，却并没有影子，只是我的沉思罢了。

　　有些人似乎很看重自己的优点，扬长避短都是知道的，但这两者间太不均衡了。过度看重自己的优点，不管缺点不面对现实就会变得自大。不去发现自己的优点一味自责，便是自卑的表现。所以，真正的均衡要在扬长避短后对自己有正确的定位。而我似乎是中间者：找不到优点，但看重、期待着自己的优点的萌发，这可不是自卑，比自卑略胜一些。

　　小时候，我便有这样的思想。但略大一点后，我似乎很渴望有个与众不同的优点。于是，我开始寻找。终于，一个偶然的机会，我进了一家绘画馆。在二年级时，我学起了素描。"把那个木画板拿来，对！再把木画架放到这儿……然后,贴纸……选笔、选画,来,过来!……"绘画老师细心地教着我,我渐渐地喜欢上了素描:"试听课很好,我想上!"我想让素描成为我特殊的优点,便努力着,坚信:它一定是我绽放光芒最好的伙伴,它能让我成功。

可好景不长,随着一天天的学习,难度逐渐增大,在我看来,素描是愈发变得枯燥乏味了。我试着放弃,但我也想画出令人惊叹的素描,像高手那样……唉!我总是在与别人进行攀比。这是好的,对我有一定的好处。但我错了,错在把素描变成了阻挡我成功的大刀。我痛恨,我自卑,我永远也成不了一道照亮自己的光芒,属于我的光芒,唉!

但是,只有热爱,才能擦出令人震撼的光芒。我要走自己的路,照亮自己的路。我还是成功了,磕磕碰碰才是真正成功的路。之后,我不再有那种思想,反而变得愈发自信,真是神奇!我把画都装进画框挂了起来,母亲走了过来,蹲下身子,看着我说:"嗯?这幅画怎么少了一角?"我看过去,笑着说:"成功路上的磕磕碰碰,哦,是大刀!"话音刚落,我与母亲都不禁欢笑起来。

前几天,我又去黑幕笼罩下的阳台边了。我那时才明白:每个人都有属于自己的光芒,也许他的光比你强,他的光比你弱,但我们这个群体之中的每个人,都会为自己的光而骄傲,而为之奋斗不懈,前进!

　　天亮了,心里的什么东西终于萌发了。但我站在阳台边,把目光放得很远很远,我似乎并不知道天亮了,陷入了沉思:我的光芒,我的光芒……

有一种声音.在记忆深处

听雨一生,流光悠悠,世事通透。

——题记

雨,怅惘的代表,欣喜的代言或慰藉的象征。思绪起伏间,总有一段来自世界的声音化暖流似泉涌入我心田,心中的那片田,便悄然茁壮蓬勃。

阅读、写字或娱乐时,或烦恼不定时,耳畔便闯入一个嘀答的音符,那种清脆之感似一股正气化心灵之纯洁……此感来源于那个夜。那日傍晚,到家便直冲阳台,因我早瞧见天空之伤感,便想看个通彻。眼前,是一片乌黑,时而卷起一串白或灰,时而翻过一团青或蓝。远处,渐渐云雾四起,迷茫间,又似天帝降于人世,告知大事。近处,花草皆摇晃不止,述说的似是痛苦,又似是愉悦。车辆与行人更是一番苦战。挺,挺不过。闯,闯不过。来个硬碰硬,可风却不答应。我有些惊恐,压迫感一下子自心底传至大脑,来不及望天之景,便回屋坐下。似乎虚惊一场。

几本书放在我身旁,书上爬满文字,想着思索着,但哀声又叹气并不能化我之忧,人心惶惶。我依旧望天空,似乎又得到了安慰。我躺于摇椅,放手中笔,抛手旁书,扔手上表,烦恼占据了我的身体,我没有任何力气,就一直躺着,眼神中闪过黑白胶片,往事如连环画般一页一页不断跳过。

突然间,神经末梢处一种清而柔而脆的能量,突破、冲破了所有阻碍与隔板,化为一种生长之力,在心田生长。这种能量却又同时碰触了黑白胶片,顿时黑白胶片一点一滴褪去了昔日之恐怖,换取的是今日之真心问候:"嘀答嘀答……"睁开眼,猛地下意识地跑到阳台:天哭了,从科学而言,是下起了冷雨。冷雨真冷,打在头上,打在脸颊上,也打在我的心里。心中的那片田便生长了起来,它可以无忧无虑地汲取所有的养料,因为在它心中,所有的一切亦是乐之替身:今天它化了妆,成了恐惧;明天它卸了妆,又成了乐;而后天,它又是另一个模样,述说着可亲可爱之世界。而这一切,只不过是那冷雨给予我的一部分,而冷雨它那纯正清洁之声才真正是我从不轻易放弃,从不向困难低头,勇往直前之唯一!

哀叹放弃时,听听那冷雨吧!它带给每个人的都是不一样的感悟,又正因那冷雨之声,世界如此芬芳。有一种声音,在记忆深处,那种声音是冷雨对世间最暖之问候。

"隐形"的家风

很多人说,我是一个"隐形"的人。我锲而不舍地对待每一件事,我热爱阅读,在面对困难时,我亦可以化知识为力量打败一切。我也总想让天空温和些,可有人却惹天公生气。我也总想让天空明朗些,可有人却用手遮盖了晴天。但当我迷茫时,我却总有可以依靠的后盾,所以,即使天公生气,遮盖了晴天,我也对此司空见惯了,照常去度过每一个充实的日子。

但同时我的父母却总想打破权限,迫不及待地想向大家述说这个真实的世界。于是,我心底里也开始萌发这种想法。但没过多久,父母却收回了此言,我甚是疑惑:打破权限做个正常人不好吗?向大家述说真相不好吗?可我的父母却依旧觉得这是不对的。直到几年后,我突然想起问我们家的家风是什么时,才渐渐抛弃了这个念头,跟随着父母的脚步,用自己的能力告诉世间,用勤劳、爱读书的精神来打动世间,那时候,我们再打破权限,做个真正意义上的正常人也不迟。这算是我的一部分理解。

其中一点,令我印象甚是深刻,那便是"读书"一词。我的母亲在我很小的时候,就向我讲述这个世界,在我心里,似乎一切亦是变化着的,但即使在变,变的也只是外在而已,内在是始终不变的。由于美好的诱惑太多,母亲认为这样下去,即使人正,也终将落入陷阱。但父亲却突然在我小学时期,开始认真读书,从四大名著到现代名著再到国外名著,只要一有时间,他便捧起书与母亲一同鼓励我。渐渐地,到了高年级,我的语文与英语在我的父亲与母亲看来都可以了,但数学与科学这一理科短板最终也是要攻下的。于是父亲、姐姐便用行动来告诉我。我当然也没有辜负我的家人,因为我坚信,理科的城堡我一定会攻下的。于是至此,全家人都在读书中获得知识,更获得了不一样的精神内涵。

勤奋是所有事成功的重要前提,没有勤奋的支撑干不了什么大事。在学习之外的其他方面,也可以充分体会到勤奋的好处,父亲与母亲都是很早便起床烧饭了,姐姐也是如此,所以在他们的促使下,我也逐渐养成早睡早起的好习惯。父亲很早起来并没有浪费时间,反而开始学习数学或是看书。而母亲在忙于装修新房子这一工程之外,也忙于自己工厂的工作,与几个同事一起去宁波展览会推销自己的产品。我打心底里佩服母亲,为了工厂她可以勤奋到这样的地步。大学毕业的姐姐更不用说,找工作,忙于学习,等等。在他们的带领与引导下,我渐渐爱上了勤奋。

我家的家风是"隐形"的,是因为我家的家风表现得并不是很明显,更是因为我们懂得无私奉献。没错,是奉献让我们自己的精神也得到了提升。父亲说:"那时候,咱们再当个隐形人吧!"我此时不再疑惑了,我为我家的家风而感到骄傲:读书,勤奋,奉献,我们亦可以做到自己所能做到的一切,亦可以为世界付出,亦可以用自己的力量改变世界,带来新希望,站在隐形的世界下!

孙琪

五泄之美

也不知过了几个月,我心中依稀记得那凉爽的五泄。

那时快到吃晚饭的时间了,我们只能忍着饥饿和无奈去看那最小的第五泄。我们加快了脚步,因为天色已经暗下来了。嗯?我突然驻足,是瀑布的声音!随着那火红的枫树都飞速向我身后逃,那声音也越来越大。天哪!我看见了。远远地望去,那五泄犹如一条又宽又长的丝巾,垂挂在黝黑的山石上。夕阳探出了头,轻轻给那条丝巾泼上了一些添了水的颜料,是那么轻柔,那么妩媚。我看痴了,呆住了,之前的无奈荡然无存。

我小心翼翼地又向前攀了几块岩石,把第五泄看得更清晰了。我顿时觉得瀑布有些像穿了橙色珠子的珠帘,那珠子竟那么多,一颗颗掉落在沾满青苔的岩石上,又弹起来,显得那么可爱,又坠落在那沸腾的小溪之中。看着看着,正沉浸在"试问卷帘人,却问悟空在吗?知否,知否,正陪师父西游"幻想中的我,又认为那瀑布是一个身穿金礼服的婀娜女人,正舒适地倚靠在岩石上。

走近第五泄旁边,我抬头向上看,似乎看见千万匹白马正在那被侵蚀的大黑石上飞速奔腾,眼见匹匹都要跳入我的怀中,它们却一跃,给下面的大石头淋浴去了。静静望去,那半边仍透蓝的天,似乎给瀑布倾注了源源不断的水,和瀑布连成了一线。

　　此时正在五泄半山腰的我,向下看,又别有一番风味。一条条银色的小蛇匆匆冲了下去,粗的、细的、长的、短的、直的、弯的,什么样的都有。后面是层峦叠嶂的山路,下面是没有任何污秽的小溪。有的只是那"哗哗"的流水声罢了。

　　"横看成岭侧成峰,远近高低各不同。"这是宋代苏轼描写庐山的诗句,可我觉得那五泄也一样,从不同的角度看,有不同的风景!

绍兴酥鱼

　　酥鱼,是一道绍兴著名的小吃,想起便令我垂涎三尺。今日,我偷学了酥鱼的传统做法,穿上了围裙,开干!

　　我先拿了半条已处理好的鱼,去尾,去掉血腥气的部分,横切成条。这可费了我老大劲儿。这条鱼不知练了何功夫,骨头硬到连我爸也切不动,我怕伤着手,便慢慢切入表皮,卡住,再连刀带鱼举向半空中,把刀向木板砸去,拔出刀一看,毫无变化。我身上的血顿时冲到了脑子里头,插回刀,使尽平生力气砸它个好几遍,终于成了!我以此方法继续切了十多条鱼肉,切是切完了,人也筋疲力尽了,为了酥鱼,我拼了!

　　我洗净了鱼肉开始调料,水一大碗、冰糖十多颗、香叶三片、八角七个、桂皮一点点、本地酱油、味极鲜、绍兴老酒……在反复确认与添加中,我调好了料,洗干净大锅,把料一股脑地倒进大锅里,煮到冰糖都化了,就差不多可以关火了,我小心翼翼地把料汁倒入碗中备用。

　　我又洗净了锅,开火,烧干水分。我为了省油,油放得不多,只是想着几片几片地炸。油差不多七成热了,我放进了几片鱼肉……“啊!”油“嗞嗞”作响,油点就像小人国的箭,向我发射了过来。我没有防备,不幸被射到了几“箭”,我冲到了水龙头前,转动把手,查看伤情,还好没射中脸部,只是手上红红的,从被烫的中心蔓延开来。我第一个念头是不想干了,心中顿时起了一阵委屈,这么难做还不如不做呢。可转念一想做都做了,怎能半途而废呢。我自我安慰了一会,便决定了下来:"做!""啊,我的鱼。"我忽然想起了,我的鱼还在锅中呢! 我一个箭步冲上去看,嘿,刚刚好,炸成了金黄色,像几只可爱的小松鼠正在锅里嬉戏、玩闹。我快速地把它们捞起来,沥干油,放在之前盛着料汁的碗里,浸泡一会儿。我打算炸下一批鱼肉,回顾了之前的操作,应该是没沥干水分,急忙放了进去才这样的。我这次沥干了水分,远远地拿着铲柄,小心翼翼地放鱼肉。"嗞",这次动静明显弱了不少。我欣喜地等待着鱼肉炸好,进行下一轮。一次、两次、三次……终于炸好了!

我慢慢地一点儿一点儿捞出鱼肉,在菜盘上摆出一个心形,大功告成! 我夹起一块,酥鱼外面嘎嘣脆,里面软糯糯,配上鲜香的料汁,完美!

品味酥鱼之时,我也领会到了一个道理:坚持才能成功!

给冬天的信

敬爱的冬爷爷：

　　您好！

　　虽然您备受我们喜爱，可是终究要与您分别了。别离之际，给您送上一封信。

　　您是严厉的。您的儿子风儿总是到绍兴"串门"。我不知为什么，"呼，啊，嘶"，您的儿子总是愤怒地叫啸，痛苦地哀鸣，一字一句地说不是您派来的。人们总把自己弄得跟个肥球似的，缩着脑袋，一步一步缓慢地出了门。在这时，生冻疮的、皮肤干燥的人是常有的。

　　您是可爱的。您拉着雪妹妹的小手，大步跨来。这时，整个世界都是白色的，银装素裹。您给树木挂上了俏皮的挂件，有的像精致的流苏，有的似魔法世界的魔法棒，还有的像英勇骑士的宝剑，令人眼花缭乱，惊叹不已。您的孙女小雪妹妹急忙跑来把"凌寒独自开"的梅花叫醒，梅花伸展着修长的身子，无声无息地开出可爱的梅花，散发出阵阵幽香。我坚信那些孩子也十分喜欢您，他们一个个玩弄起凉丝丝的雪花，打雪仗、堆雪人……他们堆的雪人也个个精神抖擞地迎接着您呢！您还带来了春节，人们个个笑着迎上了红纸：窗花、春联、贺纸……喜庆极了！还得托您的福，年夜饭菜道道美味可口。谢谢您！

您是温柔的。您叫住了您的儿子，让雪娘织出了巨大的厚被子，轻轻地给大地盖上，又让雪妹妹给树木穿上厚实的呢绒大衣。您轻抚着小草小花，使他们能够入睡。您又折下了一根魔法棒，把自然藏匿住，让他们安静地入睡。这时，全世界都静了下来。您疼爱地照顾着每一个生命，空气里飘满了柔情。

您是严厉的，是可爱的，也是温柔的。身为冬天，您的心中洋溢着爱。我们期盼您再次到来！

孙琪

2022年2月10日

灵魂之梅

　　窗前飘过一缕幽香,我顿时起身去看,原来,是梅花开了。

　　"压蕊拈须粉作团,疏香辛苦颤朝寒。"梅花侧倚在墙边,伸展着她的胳膊。小雪粒一颗一颗地压在梅花上,梅花却毫不在乎,仍然坚定地屹立在冷冰的大地上。一朵朵刚开的梅花娇滴滴地依偎着树干,但它不久之后便能抖着柔嫩的花瓣,不顾风的叫啸,挺立在寒风大雪之中。雪重重地压在它身上,它也无动于衷,这雪反而使它显得更加美丽动人。

　　梅花常常被古人当作写诗词的对象,因为它的品格受人喜爱。它和松竹一起被并称为岁寒三友,傲然挺立在大雪之中。百花都在此时睡去,准备来年再争奇斗艳;而它却在这时醒了,挣扎着冲出冰雪的重围,谦虚地低头弯腰。大家都喜欢把它和雪相提并论,把雪搭在梅上的楚楚动人说了个遍。可谁知道每一颗雪粒、每一片雪花带给它的只是多一分的艰难与压力。它把自己全部献给了人们:它的花果——入药;它的花蕾——泡茶……它努力坚持,只为能等到春天;它辛苦孕蕾,只为能给人们一些欢乐。它高洁、坚毅、秀雅,是一株有灵魂的植物。"梅须逊雪三分白,雪却输梅一段香。"

对,梅是比不上雪的洁白,可还有一个方面赢了雪——它的品质。

梅的品质让我想到环卫工人。他们起早贪黑地工作,为都市带来了一片洁净。他们坚毅,有高洁的品质;他们坚韧不拔,不怕脏、苦、累,为我们的城市做出了贡献。这就是他们工资微少却愿意继续工作的原因吧。对,他们就像梅!

我又想起了《红岩》中的江姐。竹签子是用竹子做的,可是共产党员的意志是用钢铁做的!江姐被竹签插入十指,从半夜到天亮,江姐也没有吱一声。她也像梅花,她是傲立雪中的红梅花!

梅花,坚韧不拔、秀雅,它们,他们,都散发着灵魂的香气!

小纸条的回忆

　　礼物就像一缕阳光,能照耀人的心灵;礼物就像一丝流水,能温润人的情感;礼物就像一件薄衣,能带来一丝温暖。最让我难以忘记的礼物,是一张小纸条。

　　小纸条有些皱褶,有些绿色的虚线印在上面,上面小小地写着几行娟秀的字:"没事,努力就行,下次再来,大家都理解你。"

　　为什么要写那些字呢? 是谁送的呢? 那就得说说期末考试了……

　　公布考试结果的那一天,我忐忑不安地坐在椅子上等待结果。突然,班主任皱了眉,目光锁定我,怒气冲冲地说:"现在我要严厉批评孙琪。"我顿时睁大了眼睛,几十双眼睛齐刷刷地看着我。我这个即将过时的"学霸",像是石化了一般,先是惊讶,又愣了一会儿。几个"学渣"笑了,似乎笑我的粗心,笑我的错误。我用胳膊埋住了脸,不敢看老师的脸色。她训我作文写得太简略,还写偏题。我委屈极了,我那么写题都是有原因的,我没有写得太简略,只是想像冰心一样简练。我没有偏题,只是想增加神秘感,吸引读者阅读。老师当着全班人的面批评了我好久。我伤心极了,心里像大海似的波涛汹涌,我又气又恨,将整张脸都埋进了胳膊中,脸颊顿时感到冰凉。我感到考砸了,期末考试考砸了!我顿时坠入了低谷,再也爬不上来了。

下课了,我刚平静了心态,一大帮同学来到我身边,一个拍着我弓起的背,一个对我说着安慰的话语,一个从下面观看我的样子。我心中的怒火再次燃烧了起来,我的背一下子直起,推开人群,大吼一声:"走开,我讨厌你们!"话音刚落,我又坐了下去,恢复了趴在桌上的样子。多次之后,他们嚷嚷着什么,慢慢散去。

"丁零零——"上课铃再次响起。我吃力地爬起,用袖口拭干眼泪,红肿的眼睛忽然瞟见了什么,仔细一看,是一张小纸条。我展开它,上面小小地写着几行娟秀的字:"没事,努力就行,下次再来,大家都理解你。"

我顿时被震撼了,之前的怒火被这股清泉熄灭了,转而怀着一丝羞愧感。我的心中充满了感动,对同学的怨恨早已抛到了九霄云外。振作起来,小孙!不要担心!努力了就行……

我小心翼翼地收起这份珍贵的礼物。这是一份鼓励,是让我从低谷奋勇攀上高山的绳索。这份珍贵的礼物永远不会被丢掉,因为我早已把它记在心里。它包含着朋友的用心、友谊和对我珍贵的爱。

"变脸"小丁

　　看见那个高挑的女孩了吗？她就是我最要好的朋友——小丁。

　　"身高一米六,远看十分瘦。容易把眉皱,怒火蹿上头。"小丁她长得还行,尖尖的鼻子上面有一双炯炯有神的眼睛,下有红彤彤的嘴唇,头发短短的,鼻子上面还架着一副黑框眼镜。

　　可是她的性格令人捉摸不透,时而通情达理,时而像个"开心果",时而脾气暴躁。也许是脾气火暴的时候多吧,不然她怎么担得起"苏联女暴力"这个称呼呢。

　　记得有一天,我扫完了地,正想把工具塞进密密麻麻的工具柜中,不知是哪个动作使我向后使劲一退,不小心踩到了小丁。她正在喝水呢,她也向后一倾,水就整个泼到了她脸上。她用手揩了一把脸,用食指指着我的鼻子,说:"你……你……我和你绝交!"她一把推开我,我顿时蒙了,心里像刮了一场特大风暴。我心想,绝不能失去小丁这个朋友!我一个箭步冲向了讲台,在杂物箱中找了一包餐巾纸,用指甲一划便拆开了,我忙抽出几张递给小丁,说:"对不起,对不起,我不是故意的,请原谅我!"我又抽出几张餐巾纸,清理桌上和小丁水杯上的水渍,再一路狂奔飞到二楼饮水机前,紧按出水按钮,灌了满满一大杯水冲回三楼,塞到她手中,同时打量着小丁,看她有没有其他地方湿了。小丁狠狠地推开我,两腿叉开,双手叉着腰,斩钉截铁地说:"我不会再当你的好朋友了,永远!"我一屁股坐在地上,心"咔"的一声碎了,两眼无神,眼眶有些湿润了……

后来,我无论给她多少好吃的、好玩的,她都不屑一顾。直到几天后,我照常收我们的练习本,小丁的目光不时瞟向我,当我注意她时,她却又装作没看见。突然,她轻轻地拉住我的袖口,站了起来,头埋得低低的。我正摸不着头脑呢,她突然在我的耳边低语:"我原谅你了,还能再在一起做好朋友吗?"我听了,顿时欣喜若狂,给了她一个拥抱,说:"好哇!"

朋友,是你人生道路的指路灯;朋友,是你童年小船的船桨;朋友,是你黑暗生活的一丝亮光。友谊是最珍贵的,请你珍惜它!

做一个懂事的孩子

——读《查理和巧克力工厂》有感

　　我大步走进图书馆，挑出一本花花绿绿的书，埋头苦读起来……

　　这本书就是罗尔德·达尔的《查理和巧克力工厂》，书中讲述了一个叫查理的小男孩幸运地抽到了金奖券并通过在巧克力工厂的"参观"得到这所工厂的故事。

　　在这本书中，我被查理的懂事打动。他们家的生活条件很不好，一家有七个人，可是只有查理的爸爸在打工。当威利·旺卡先生发出公告时，查理虽然很渴望去巧克力工厂参观，但他并没有向家人要钱去买巧克力，也没有说要提前买他生日才能拥有的巧克力。有一次，天变得异常寒冷，查理家的小破屋哪抵挡得住啊！可是他没有抱怨。就在这段时间，他爸爸工作的牙膏工厂忽然破了产，他爸爸赶紧去找别的工作。可是他爸爸运气不好，只能铲雪，那些所得的钱连全家四分之一的食物都买不到。毫无疑问，一家人开始挨饿，正在长大的小查理更是饥饿难耐，但是他不愿意吃家人给他省下的食物。

　　如此懂事的小查理让我想到了我在乡村的邻居大姐姐。

有一次我去她家做客,她做事井井有条,一直帮父母在厨房里忙活,烧饭、拖地、洗衣……样样能干。吃饭的时候,她的筷子在空中舞动,就像一只燕子一般,忙着给家人、客人夹菜,大家的碗都要堆成小山了,她的碗里还空空如也。

后来几年,她的奶奶去世了,听她的家人说,她每天都要去扫墓、送花,以泪洗面。后来我们去她家里,她也很少笑,而是沉默不语。相比于她,我就任性多了,我应当多向她学习。

读了这本书,我懂得了要懂事听话,减轻家人的负担。

凌晨五点半

凌晨五点半,怕是大家都还在睡梦中吧。让我们看一看这时的大城市。

"嘀嗒,嘀嗒",大城市里静悄悄的,只有我的表在响。"哗哗……"一阵风吹过,一些叶子落了下来。"嗒,嗒,嗒",鞋踏着石子路的声音传来。我定睛一看,一位个子不高的阿姨正在挥动手中的扫把扫着落叶。我快步走上前,透着朦胧的月光再仔细看看:她身穿橙黄色工作服,有着一头带有星点白色的短发,脸蛋红通通的,嘴角对着我上扬,一双水汪汪的眼睛正和蔼地看着我,大概四十岁的样子。阿姨温和地说:"小朋友,这么早你出来干什么?"我不慌不忙地回答道:"没事,就是想采访一下您。请问您是什么时候开始工作的?"

阿姨有些不好意思了,把头发收到耳后,回答:"大概十分钟前,我是五点就起来了。"我的嘴巴张得如箱口那般大,不禁咽了下口水。五点钟!我心里暗暗感到惊讶。我平时竟还老抱怨只能睡到六点半,没想到还有这么早起的人。阿姨拿起扫把,笑了笑,说:"这只不过是日常生活罢了。"我又问道:"就这么一条街,有必要那么早吗?""当然,"阿姨又笑了,"别看就这么条街,要把它打扫得干干净净,也是要费时间的。何况现在风大，叶子很快就掉，也是要来回扫的呀。"

　　我紧追不舍，又发问了："那么，您工作的动力是什么?"阿姨指着街道，说："我就把街道当作自己家，当把它打扫得干干净净，一回头，'哇，这么干净!'，就很有成就感。虽然这很不容易，但我还是坚持下来了。你看，不是吗?"接着，她拿起扫把，抓着畚斗，披星戴月，只留下一个背影。

　　环卫工人，真的不容易。我们应当珍惜他们辛苦劳动所换来的干净。

爱无声息

　　"嗒,嗒,嗒……"我揉了揉疲劳的眼睛,继续挑灯夜战。偶尔停下来望望那关紧的大门,暗暗责备妈妈太过心狠,又投身于写稿中。

　　现在是十一点整,我还在准备"小小达人"大赛的电子稿。那个可恶的女人竟不帮助我,自己回去睡大觉,还冷言冷语地嘲讽:"还不是你自己不抓紧时间,为什么要乞求他人的帮助?"这是最后一次大赛了,我一定要完成!"嗒,嗒,嗒……"

　　十一点一刻,十一点半……我凝视着还剩一半字没打完的电子稿,心中早已凉透。我点击了"保存",关了电灯,回到了我的小房间,想明天早上再创奇迹。我辗转难眠,心心念念的全是比赛,惋惜之情逐渐围住了我,星星月亮似乎都在叹息。我在纠结之中又犹犹豫豫地穿上了衣服,打算回书房继续打字,可当我出来时,漆黑之中书房门缝里透出一束光。我吓坏了,惊疑是小偷,便随手抄个东西,瑟瑟发抖地站在房间门口,却还是耐不住好奇心,轻手轻脚地走到书房门口。"嗒,嗒,嗒……"我的心微微一颤,难以置信地又往前走了几步,从门缝里窥着。书房里亮着灯,书桌上仍放着那台黑色电脑,那个熟悉的背影映入我眼帘。对,那个人正是我的母亲。我悄无声息地瘫软在地上,眼前的灯光糊在一起。"嗒,嗒,嗒……"

次日我起床时,那份电子稿已经全部打印好了,妈妈的脸上带着严肃,仍然精神焕发。看到她这个样子,我掉下了泪珠,对她的误会早已抛到九霄云外。

别人说爱是欢乐的源泉,爱是润滑油,爱是氨基酸。而我却觉得,面对亲人,爱是一部最真实的纪录片,爱是一本情节曲折的小说,爱更是一剂催泪剂。爱无声息,却无处不在。

家风是什么？

　　什么是家风？家风是曾子杀猪的诚实，家风是钱均夫告诉钱学森的坚持，家风是总统里根教育子女的诚信，家风是梁启超所说的勤奋。我的父母在生活的点点滴滴中教育我要脚踏实地。

　　我的父母都在医院上班。我原以为上了班便不用再学习新的知识了，巩固复习一下就好，但他们似乎也同我一样，仍面对着源源不断的课程与考试。曾有一夜我伏案良久，正打算收拾一下睡觉时却发现母亲也在上网课。她的双眼盯着手机，全神贯注地听课，不时地低下头，在厚厚的本子上做笔记。我好奇不已，走过去看，却全是一堆我看不懂的专业术语。一问，才知道母亲是在准备考试，也顺便参透一些别的医学问题。我自然疑惑不解，不懂母亲为何一遍遍不厌其烦地学习已然掌握的知识，但也有些心疼母亲，便催促她去睡觉，还说稍稍略过一些课也没多大问题。母亲却又调亮了手机，一板一眼地说："人啊，做什么事都要脚踏实地，偷工减料、耍小聪明得到的知识大多都是不完整的。再言，你不也常说'温故而知新'吗？"我哑口无言，默默坐下了，同母亲一样踏踏实实完成了那日的功课。

　　我的父亲书房有几本大部头的书,大抵都是骨科的。书的封皮被细细包上了透明胶精心保护,书页被岁月浸染变得泛黄,同父亲的一些新书相比,它们显得格外苍老、破旧。翻开来,上面密密麻麻全是印刷字,时不时会翻到一些标记或父亲的补充。每本书一般都配有一片书签,没有书签的就夹支笔。这些笔记都是父亲的"杰作"。

　　什么是家风? 家风是一个家庭的处世之风,它会影响这个家族未来一代代人的价值观、人生观、世界观。好的家风,会让后代养成好习惯,养出一个个人才精英;劣的家风,只会危及后代,甚至威胁社会,影响国家。"知之为知之,不知为不知,是知也。"在《论语》中孔子说的这句话,亦是我家家风一个方面的高度概括。我的家人也在告诉我,生而为人,做任何事都要脚踏实地,兢兢业业,不能为了一时的方便而偷工减料,误入歧途。

　　家风正,人正。家风一直在培养着我的教养与性格,它深深烙印在我的心中,教我脚踏实地对待每一件事。

天生我材必有用

　　清风乍起,轻轻拂过我的脸颊,凉爽的风不禁使我感慨往事。那阵风,那件事,仍使我激情澎湃。

　　大人常说,我似乎什么都会一点,但能力却精准地把控在"一点",这便使我样样都不精,没有所谓的特长,如同茫茫沙滩中的一粒沙子,平凡无华。

　　日历一页页翻,一本本换,课本也一本本厚,但我仍难以接受答错问题时老师尴尬的笑容。一次偶然的机会,我迎来了我前所未有的改变。"这道题有谁会吗?"满当当的教室没有一个人举手,三十九双眼睛似乎都直勾勾地盯着我。是的,我解出了这道数学题,还教了不少人。老师深黑色的瞳孔似乎也正转向我。我的手在发抖,身体逐渐发凉。

　　"上去……""是啊……"同学们小声催促着,我的心脏使劲地跳。我舔了舔上嘴唇,怯生生地立起了沉重的胳膊。"好,你来。"我站了起来,深吸一口气,放下了害怕,脚步逐渐坚定,我走上讲台,毫无忌惮地放声讲解,仿佛在拼命介绍自己所喜爱的东西。我讲完了,把粉笔还给老师,大步流星地走下讲台。台下骤然响起整齐有力的掌声。我的心在狂跳,我的思维也跳动起来,展现出火热的活力与精力。清风吹过我的脸庞，增加了我心中的欢喜。风乍起，吹乱我的发丝，吹干我的汗水，吹散我的胆怯与愁绪。我的血在沸腾，我激动无比，心中尝到惊喜与快乐。我付之一笑，整理乱掉的衣裳，以信心面向未来。

晚风吹过，勾起我的思绪。"天生我材必有用，千金散尽还复来……"我的嘴角慢慢上扬，我终于找到了自己的长处。没错，"是金子总会发光"，每个人都有属于自己的优点、能力。来路漫漫，不论前方是月黑风高，还是浪急滩险，我都应当对每件事致以全力，散发出属于我自己的光芒。

那一瞬间，我哭了

那一年，各家忙着张灯结彩，准备过新年，我家自然也不会落下，只是全家都笑得麻木。外公寄来的钱没有一个人愿意拆开，鼓囊囊的白色信封默默地躺在桌上……

外公是个工人，也是木匠，家中不少家具都是他亲手做成的。小时候我一向不喜欢外公，他常年在外，回到家对我只有两种模式：傻笑和唠叨。外公现在已经六七十岁了，斑白的头发并不浓密，褐色的皮肤显示出他的健康。"要好好读书。"无论在什么时候，他都要这么来一句，让我十分厌烦。

去年的时候，意外发生了。全家人都变得忧虑、焦急，唯独我不知道发生了什么。不久之后，爸妈接回了手臂缠着绷带的外公，我突然明白了——外公在工地干活时受伤了。他动了一场手术，刚从医院回来。外婆一脸心疼地看着外公，责备他不小心。外公看了看我，笑了出来，答应在家里养伤。

半个月后，外公的手臂好多了，爸爸也估计着什么时候该拆线了。我经过卧室时，那个黑色的行李箱又映入眼帘。我愣住了，但又打消了自己的顾虑：这不可能……

一天晚饭后，外公终于拆了线，可我也发现，行李箱也鼓囊了起来。妈妈查着火车班次，爸爸也不停地叮嘱外公。刺骨的寒风溜进我的脖子里,我无助地站在原地——他还是要走了。我劝他别去了,我不要所谓的压岁钱。"要好好读书。"他苦笑着说。

凌晨,我顺着灯光溜出来,亮白的灯光照在大人们身上,也照着外公臂上那条刺眼的疤痕。他固执地一个人提着行李箱,迟钝地擦了擦额上沁出的汗,理了理被白漆沾染的衣服,戴上了棉帽,笑着向家人挥着树皮般的大手。他发现了我。"外公!"我蹿出漆黑的角落,毫无忌惮地大喊。他又笑了,这般聪明的人也会傻傻地笑,痴痴地笑。"要好好读书,等我给你带来压岁钱!"他还在笑,举起带伤的手臂使劲向我挥。我也笑了,笑着笑着,他宽大的背影从我的眼前消失了,我就哭了。眼泪悄无声息地落下,留下身后的一片寂静。

外公为了赚钱,没能赶来过年,只是寄来付出血汗赚的工钱。他老了,但却兴致勃勃地向我们"炫耀":"看,我免费!""你瞧,七十岁以上老人可以不付钱哦。"我们回应的,只有苦笑。

外公操劳一生,只为了留在这儿的家人。

那一瞬间,我泪流满面。

有一种声音,在记忆深处

世界上不是缺少美,而是缺少发现美的眼睛。

——罗曼·罗兰

人们总是抱怨听不到所谓的天籁之音。但他们没发现,每一种美妙动听的声音就在他们的身边默默回响。

家边的公园是我最常去的地方,因为我除了家,无处可去。我自认为对那儿了如指掌。

炎炎的夏日到了。在静谧的夏夜,我无聊地漫步在公园里,无趣地打量着这片黑漆漆的景色。黑夜给万物都抹上了黑色的颜料,连湖中的水都是黑乎乎的,深不可测,只有微亮的月光浅浅地撒下一层银,才让它添些可爱,不再那么恐怖。荷苞被映得惨白,鼓囊囊的,还没开放。我倚着木桥,昏昏欲睡。

"嘭!"我的耳边闯入一声微弱的脆响。我打起了精神,观察四周。那声音仿佛什么东西炸裂开了。应该是什么果子,我心想,但遥望四周,没有什么果子,而我们戏称的"肥皂果树"亦不是这种声音。这件事便在我心中留下了一个谜,诱引着我去荷塘边一探究竟。

第二日,我又去了。风乍起,荷之苞摇曳,在一个个圆滚滚的荷苞中,我惊喜地发现有的荷苞已然绽放,开出一个个小口子,荷花白嫩的花瓣似乎在拼命往外伸展。自那以后,我便常去公园,观察荷花的开放情况,也为解开那个声音之谜。

直到一次,我从老师口中得知了,荷花绽放时,是会发出响声的。我又惊又喜。我从小到大,看过荷花的次数太多了,却从未发现过荷花开放是有响声的。自那以后,我眼中的世界不再枯燥无趣,而是处处皆为惊喜。

"人们总是不满足于现在的居所"是《小王子》中的一句饱含哲理的话。真的是这个地方不够好吗?非也。人的视界与感受不应只在那一隅。有好长一段时间,人们被迫待在家中,重复着一模一样的生活。疫情三年后开放之时,大家所想的都是去远的地方走走。没有多少人发现,四季变化,春夏秋冬就是最美的景物。听,风声虫鸣,声声传情,却无人发现。在那个幼年的夏天,荷花开放的声音让我渐渐爱上了周边平凡又壮观的自然景物。

那个声音就像一把钥匙,为我打开自然世界的大门;那个声音就像一座指明灯,引领我去观察生活中的细微事物。

那个声音,被我珍藏在记忆深处,提醒我去观察世间万物。

王泽瑜

35路公交车

　　"35路公交车即将进站。"每当听到这一句话时,我的内心就会闪现出那位阿姨的身影。

　　那是一个炎热夏天的下午,出来上兴趣班的我热得直冒汗,恨不得马上上车回家。但是当时的司机大多都不会等待乘客,就算只有一步之遥。想到这里,我加快了脚步。在一个十字路口,我遇见了最不想面对的事:35路公交车在转弯。等到红灯转为绿色之时,我如离弦的箭般冲了出去,但是35路车已经停在了站上。平时,司机可是哪怕乘客在站边也不肯等的,而我离站还有十余米。公交车的门关上了,我大声呼喊,但公交车已经起步了。司机似乎看到了我,我透过车门看见那位司机阿姨脚往上一抬,松开了油门,脚快速地移到刹车上,轻轻地踩了下去。那时,车刚开始加速,急刹车使其发出了"吱"的声音。随后,只见司机阿姨按下了开门键,转过了头。她肤色并不白,但眼神中透露着几分慈祥,嘴角微微上扬。我如愿以偿上了车,一边刷卡,一边向她道谢。她摆了摆手,待我坐好后脚踩下了油门,手微往左打方向盘,随后车就驶上了主道。

　　过了几许,窗外树叶摇摇摆摆,翠绿中夹着苍绿。此时又到站了，一位头发苍白、拄着拐杖的老人颤颤巍巍地走上了车。只见他将拐杖移到了左手边，右手打开了背在身前的包，上下翻找。此时，司机阿姨说道："大爷，小心您的钱包！"那位老人掏出了卡，将破破烂烂的钱包小心翼翼地放了进去，对着司机笑着道谢。要是在平时，司机肯定是一脸冷漠，对老人不闻不问，而今天这位司机阿姨头微微上扬，看了下后视镜，皱了皱眉头说："后面的乘客请给老人让个座。"我环顾四周，见周围的人个个看着手机，没有任何动作。此时，一个叔叔站了起来，对着老人说："大爷，您坐。"老人连道谢谢。司机阿姨又说："请大家抓好扶手，汽车即将启动。"说罢，静静地等待了一秒，才启动了汽车。我是在终点站下车的，下车时，我回头望了望车厢，仿佛又看到了车上的一幕幕，心中备受感动。

在此之后，我再也没有见到那位司机阿姨，但是她却一直铭刻在我的脑海里。每当我想起她时，耳畔就会响起一句歌词："谁说站在光里的才算英雄……"

叮咚,您的外卖已送达

"嗞啦——""我的老天!"只见我一手拿锅盖,一手拿铲子,时不时警惕地探头,还注意安全距离,向着"敌人"鲫鱼发起攻击。你要问我在干什么,我一定会哭诉道:"在做菜,被逼的。"起因是今天早上,我迟迟不起床,我妈就训我:"干啥啥不行,干饭第一名。有本事自己做一道啊。"当时的我不知是脑子被狗吃了,还是撞南墙了,竟不屑地答道:"做就做!谁怕谁!"老妈的手机偷袭我,神不知鬼不觉地录了音,我只好去做。

老妈买来一条鲜活的鲫鱼、一盒豆腐,还有几株香菜,她命令我:做一道牛奶鲫鱼汤。啥! 完了,这道菜只有爸爸会呀,我只好请求军师相助,我和鲫鱼的大战马上开始。

"首先,把鲫鱼放到砧板上。"我用了洪荒之力将鱼抓起,但是这鱼奋力反抗,还使出了它的绝招"神鱼摆尾",尾巴上残留的水就跟箭似的向我飞来。鱼掉到了地上,我马上捡起来,死死地按在砧板上,心想等到它没了力气,就可以下刀了。然而,我迟迟下不去手,爸爸只好帮我。我不敢看,一下子,鱼就尸首分离了。我拿起"尸体"从下往上奋力刮鳞,不一会儿,鱼鳞就进垃圾堆了。然后我开始清理内脏,把血肉

　　模糊的地方拽出来。扔掉的时候,一股腥气冲我而来,然后我拿出平底锅,开始煎鱼,就有了开头那一幕。

　　鱼煎好后,我打开豆腐盒,把豆腐倒扣在砧板上,分成十四块,装碗备用。切的时候我不禁叹气:这可怜的白豆腐。之后我找到一个超级大的锅,往里面倒上清水,加入一小块桂皮和几个八角,将豆腐倒入锅里。在这过程中,我只用铲子随便划了几下,豆腐就碎了,然后再加入煎好的鱼,用小火慢炖十五分钟后,加入香菜,用大火炖五分钟,即可出锅。

　　"叮咚,您的外卖已送达。"我将成品放到桌子上,老妈用筷子品了一下鱼肉。嗯,色香味俱全!

厨面之争

　　平时我可是连厨房里的东西都懒得动的人，可是今天，我心血来潮，打算大干一场。

　　"你打算做啥啊?"爸爸一脸质疑地望着我。我信誓旦旦地说:"番茄鸡蛋面!""呵呵,等着你完成!"他背着手走出了厨房,我一边埋怨他怎么这么懒,一边列起了计划。一、材料:鸡蛋、番茄、牛肉丸、面。二、制作过程:倒水、烧。我满意地点了点头,准备先烧蛋。

　　我从冰箱中掏出一个鸡蛋,施展"轻功",以《九阳真经》的反击之力磕蛋,蛋壳纹丝不动。我咳了几声,表示失误,接下来我又用《九阴真经》中的九阴白骨爪将蛋壳破出了一个洞,我双指插入洞中向外用力,使蛋液流下来,那一刻,蛋液如同瀑布般滑落……似乎是我太陶醉了,手一抖,蛋壳掉了进去。此时空气仿佛都凝住了,我尴尬地将它提了出来,一记"三分球"将它扔入了垃圾桶。然后我又用"吸星大法"拿来了一根筷子,对着碗中的"太阳"下了"毒手",一顿搅拌后蛋拌好了。我打开煤气灶,颤抖着往锅中加了点油,拿起碗,缓缓地将蛋倒入锅中,好了,先煎一面!

　　我开始切食材了,拿出一个番茄就用"屠龙刀"一顿斩。

此时,我往锅里一看:鸡蛋可以炒了。我手持锅铲,以"太极剑法"炒鸡蛋,顷刻,蛋就好了。我将锅一翻,蛋被倒入了碗中。

我回来继续处理番茄,将其倒入锅中,起火,烧水,开始炖汤。在等待时,我抓起两块面饼,用上另一个锅,继续加水烧火,然后放入面饼。我坐在椅子上沾沾自喜。"明枪易躲,暗箭难防",谁知番茄竟不听本大侠的管教,在暗处溅出水来想"借水杀人"。这种小人之勾当我能忍吗?于是我打算用《王难姑毒经》制服它:我手持盐,打算灭了它。可是我最后决定还是少放一点,给它吃个教训就够了。放入一点盐后,我突然想起牛肉丸还没放,连忙从冰箱中拿出牛肉丸,倒入锅中,再关上"门"——锅盖。开始照料面饼了。我用一阳筷法拌了拌,倒出面,将水倒掉,等待汤底的到来。

此时的我又突发奇想,打算再热一下牛奶!我打开煤气灶,往锅中放入牛奶,静候一分钟。一分钟后,我的牛奶热好了。我再将牛奶平分,把汤平分,再放入面条,看着那两碗面,我心中无比高兴。

将两碗面端上桌后,爸爸看见了面,会心地笑了。

坚忍不拔的梅花

　　"寻常一样窗前月,才有梅花便不同。"梅花,在中国文学发展的历史长河中被文人墨客所称赞,我想,正是它那坚忍不拔的品格才造就了如此多的赞颂。

　　走在路上,我突然被一枝从墙边伸出来的梅花给震撼住了。这枝梅花在墙角待着,并没有招摇,只是静静在那,不同于桃花、杏花花枝招展,向人们展现出自己的美,它只是在人群中待着,不被人注视与关注。在这寒冷的天,它那单薄的树枝仿佛要被冻断了,那一片片深色的花瓣又似乎要结霜了。

　　我看着它,呼出了一口气,在白雾之中,它仿佛不适应似的,抖了一下。我觉得它并不光鲜亮丽,可我的脚就像是被吸住了一样,无法离开。深棕色的细枝上长出了一朵朵深紫色的梅花,枝融入了墙,花融入了枝。在这天寒地冻的时候,梅花绽放了,虽然只是小小的一朵,但是也足以震撼我了。它成为花中四君子之首是有原因的,它没有兰那样的芳香,没有竹那样的常绿,也没有菊那样的鲜艳,但是它的品格,是令人赞叹的。它不屑在春天与其他花争奇斗艳,只是在冬天用实力证明自己,它开放在冬天,是因为它耐寒吗? 是,又不是,是因为它的坚忍不拔。

梅花,如同我们中华民族一般自强不息。从大禹治水到三峡大坝,从观星台到北斗卫星,我们坚忍不拔的精神一直传承着,我们面对技术困难没有退缩,而是坚持着迎难而上。在科学家的研究下,我国第一颗原子弹——邱小姐成功在罗布泊爆炸。面对国外技术的封锁,我们靠着自己那坚忍不拔的精神一次次从无到有,再到领先,这里面蕴含着几代科学家的汗水与艰辛。从第一枚原子弹的核技术到现在的东风-47洲际导弹,从无法下深海到奋斗者号征服马里亚纳海沟,从东方红1号到北斗卫星,无一不体现了我们中华民族的坚忍不拔。现在,面对国外舆论的负面影响,我们并没有与他们争执,而是默默地用实力证明自己,这就是梅花给我们的启发。

梅花的这种品格对我的影响是极大的,坚忍不拔、默默无闻,我也要学习这种品格。

小区之秋

时间转瞬即逝,现在已经是深秋了,常年在家不出门的我没敌过自行车的诱惑,下楼骑车去了。谁知,我竟发现了一番新天地。

一下楼,一阵寒意在我四周徘徊,我跨上车就骑。气温骤降,植物也敌不过寒气。只见大部分树的树叶早已颓败,安安静静地躺在马路上。草地也跟树一样,那不争气的绿早就烟消云散,不见了踪影,唯有枯黄没有生机的草皮还倔强地顶着寒风瑟瑟发抖,仿佛在与寒风进行那最后的斗争。再微微地往右一看,一座建于草地之上的喷泉还孜孜不倦地涌着清泉,闪着微光,给死气沉沉的街道增添了几许生机。一旁小区的大门上挂着告示,告示后面是难以遇见的一抹绿。就这样,我怀着久别重逢的绿,载着绿带来的喜悦,继续前进。

步入大道,虽然树早早地罢了工,但这丝毫不影响它所带来的闲逸之情。地上的草丛傍树而立。风一吹,一株株小草就随着风而动,像是在盼人似的,用尽力气向那畔挤去;风一停,它们就像鱼失去了水、花失去了阳光那样猝不及防地蔫了下来,失去了方才的生机。可这并不影响游人观赏草丛的美,赞叹草丛的存在。在草丛的后面,树前的地方,是一排茂密无比的灌木丛。它的外表是深紫或者深绿的,这与深秋的傍晚是多么融洽啊!中间是棕色的枝干,密密麻麻地纵横交错在一起,锦上添花的是枝干上的尖刺,这让那圆润光滑的枝条增上了几分尖锐,使其方圆结合,软硬兼具,也有了几分美感。

我绕起圈来,黑色的路灯杆直立在路的两侧。上面,是一盏像亭子一样的灯,漆黑的外侧反而衬托出了灯的闪亮,就如同一把火在半空中熊熊燃烧,增添了几分特殊的意境之美。草丛之中一座弹琴的雕像更是特别,人的圆与琴的方二者相依而立,素雅无比。虽然弹琴的人没有表情,但我似乎可以从中感受到他的认真。虽然琴不发声,但我又似乎可以从中听到那天籁之音。小路边有条河,河离大路有些路程,但我从这里望去,反而感觉比看清它的真实面貌要好几许。河边倒垂着几株柳树,此时早已不是春天,可柳树还是成为河的依托。这时,一辆汽车转过来,车灯打亮了河面,河面一闪一闪,闪起了微光,河边好像还吊着一叶小舟,河面的起伏也让它一摇一摇的。

回到家了,停好车,上好锁,回想刚才的所见所闻,大多景色都不见了,但或许别离,是为了更好地重逢。

敬成长

成长,是有颜色的,是后悔的蓝,是高兴的红;成长,是有味道的,是努力的苦,是放纵的涩;成长,是有曲折的,是失败的低谷,是成功的高潮。这,就是成长。

放纵·失败·后悔

这是一次数学摸底考。在试卷发下之前,我有多高兴,发下后,我就有多悔恨。直到试卷发下来的那一刻,我都无法相信⋯⋯昨夜的场景历历在目。我像往常一样回到家,推开家门,放下书包,抱怨:才刚放完寒假就考试,我还没玩够呢!都有这么多次考试了,少一次也无伤大雅啊!嘴上这么说着,我仍然翻开了书,本该像平时那样好好复习的,但是这次不一样。"复习什么呀? 这是中考还是高考? 考差一次又无伤大雅。"一个声音从我心底传来。"不行,只有应对好每一次考试,才能在关键时刻发挥出真正的实力!"又一个声音传了出来。"就一次,人生有好多场考试呢! 一次算什么? 像泰山中的一粒石,太平洋中的一滴水,去掉,有问题吗?"我表示赞同,关上了书,转身。"不行! 一次考试也是考试,有了一次就有第二次⋯⋯"这次我还没等另一个声音说完,就看起了漫画。最终,仅随便写了几张试卷。87分,良,我不敢相信,也不想相信,但这是事实,我后悔极了……

努力·成功·高兴

明天是一场国际象棋比赛,我慌得很。以前的每次比赛我都获得的是优胜奖、三等奖、二等奖,没有一个奖杯,所以,我对明天的比赛充满了期盼。但是,前几次经历似乎给我心中的期盼蒙上了一层灰。在妈妈的鼓励下,我打开了一本练习书,做了几道题,又拿出了一盘象棋,与妈妈对战了几局。我开始回想平时的各种对局,每场输,每场赢,都在我的眼前浮现出来。我走进了赛场,经过数局的对抗,最终,我的手中有了一个冠军的奖杯。

成长,是人生的必经之路。谨以此文,敬成长。

夏日的声音

夏日在一声惊雷中打开大门,门中有着无限的有趣的声音啊!

听自然之声

风"呼呼"地吹来,吹得你浑身凉爽,耳边也徘徊着"呼呼"的声音。这是风在打鼾,还是风在哭泣? 我无从得知。雨声也无法忽视,是"滴滴答答"的,还是"淅淅沥沥"的? 都有。这雨声,不足以令人震撼,却足以令人平心静气了吧。雷电之鸣更是令人惊叹,"轰隆隆"一声过后,也许天上少了一位神仙,人间多了一位仙人,虚虚实实,似有似无。海浪之声也自是"秋风萧瑟,洪波涌起",一声接着一声,仿佛千万头雄狮一起冲向岸边,怒吼着、咆哮着,发出"轰轰"的声音。自然界的声音是多么神奇啊!

闻动物之曲

说起盛夏,蝉声必不可少,无蝉不可称夏。听吧,"知了"的叫声有没有让你步入夏日之殿呢? 有没有让你感受到夏日的亲切呢? 青蛙又是一处特色,在荷塘边上、荷叶丛中、荷花之下，会传出"呱呱"的高歌，青蛙如同歌唱家一般，一直唱着……鸟叫虽四季皆有，但其他三季似乎都不如夏季那么丰富多彩，那么具有特色。"咕咕"一声引起"叽叽"之声，随后便是"布谷"的鸣叫……狗的叫声也不必多说了，不知怎的，夏日的狗异常兴奋，"汪汪"的叫声层出不穷，似乎要把其他动物比下去才罢休。如果在夏日有幸听到这些声音，必定是"幸甚至哉"！

感受人类之音

夏日，风雨皆备，是游玩的好时节。"儿童散学归来早，忙趁东风放纸鸢。"此诗没错，小河旁、公园里到处都是小孩们的欢笑声。农村中，有农民辛勤劳作，发出"哎咻"的声音。城市里，有家家户户切西瓜的"咔嚓"声。

夏日的声音多之又多，妙之又妙，真可谓无法比拟。

夕阳无限好

夕阳在大多数人的眼中,代表着忧伤、怀念之情。人们给夕阳抹上了一层伤感的感情色彩,盖上了一块黑布。

如果,我们来重新认识一下夕阳呢?

以往,夕阳并不能打动我,只是时间的代表,顶多在聊天中插一句:"傍晚了。"过会儿又是一句:"天黑了。"也许是受古人的影响吧,我对夕阳并没有很好的印象,毕竟它代表着种种悲伤的情绪。看到夕阳,就意味着可以玩的时间结束了,一天接近了尾声,所以我有些不太喜欢夕阳,盼望着黄昏不要来临,或是来得越慢越好。但一次偶然的发现,令我改变了对夕阳的看法。

一次我在奶奶家玩耍。接近黄昏,我心中又开始生烦,一想到马上就要回去了,就停下了手上的玩意儿。"你们快过来!"我爸的一声叫唤,令我停下了脑海中的千丝万想,拖着疲惫的步伐,走上了浦阳江旁的堤坝。我顺着我爸所指处望去,大惊。此时太阳一改之前令人睁不开眼的金光闪烁,变成了红色。但它不刺眼,让人觉得舒适,虽光芒万丈但同观赏日出时还要准备墨镜不同。它的光很温和,射下来时让我觉得像台灯中的光,却又十分自然;像早晨的阳光却又不如它亮；像镜子反射的光却又没有它那么好控制。它时亮时暗，这种感觉简直无法用语言表达清楚，是自然而又和谐的。

一时间，我竟有点说不出话来，只是默默地站在那里，望着快落山的太阳，感到无与伦比的震撼与惊讶。过了许久，我的目光才从太阳上收回来，看向了旁边的云。这云是橙色的还是红色的，我分辨不清，又似乎是橙红交接的。这云如同熊熊烈火一般，燃烧着，给湛蓝纯洁的天空加上了火红的点缀，一蓝一红，相映成趣。云开始变幻了，一开始是一双筷子，后来慢慢变成了一架飞机，飞向天空——散了。但也不必感到可惜，马上又有一朵云代替了它的位置，似乎是一只飞翔的老鹰，突然又来了一朵云，两朵云撞在了一起，成了一只鸭子……没过一会儿，鸭子成了一株草，随风抖动，可惜，风太大，吹散了那富有情趣的草。嘿嘿，不愧是草，"野火烧不尽，春风吹又生"。云又变了，这次好像是一个梨，或是一个苹果，看着令人不禁咽了咽口水。我看向江面，太平静了，平静得像镜子一般。夕阳洒在上面，波光粼粼，湖面如同撒了金粉一样，一闪一闪。太阳不再晃眼了，这时江面开始闪了。没过一会儿，日落了，夕阳没了，一天仅此一次。

夕阳让我明白了一个道理：不要贪恋那些之前的繁华，更重要的是做好当下。就像我看夕阳，上一秒仍在怀念玩的时刻，下一刻却被夕阳震惊了。对，做好当下，看当下的夕阳。以前玩的东西早就成了过去,不必留恋,时间无法倒流,我们只能做好当下,不能改变未来。以往我看夕阳,怀念早上玩耍的时间,没有注意当下,在不经意之间,浪费了这美丽的落日、美丽的当下。以后的日子里,我不会再贪恋之前的繁华,而是要做好当下。

这一次看夕阳,是偶然的发现,却令我印象十分深刻。

六年级

沧海桑田

　　渤海之浪一次一次拍打着海面,大兴安岭之树一次一次发芽又调零,蔚蓝天空之云一次一次飘过大地。看似亘古不变的道理却无时无刻不在变化,是谓时过境迁,沧海桑田,变化永在。

　　变化的是人。从原始人起,人类就在变化与进步。从一只摘野果、食生肉的猿类,变成能独立思考的原始人,再变成掌握火、会使用石器的人,一直到现如今上探天理、下寻地心的现代人,变化一直都在发生着,人类一直在进步。抛去悠久的人类历史,仅以个人的一生来看,变化也无处不在:呱呱坠地之时,变化也降临了,从懵懵懂懂、不明所以的婴儿,通过形体与心智的变化变为一个天真的儿童,再经过形体的改变、心智的成熟变为自主独立的少年,又是一番改变,从少年变为钩心斗角的青年,此刻,变化更倾向心智,变成了看破红尘的壮年,最后老去,叶落归根。人在变。

　　变化的是家。从以衣食为目的开始,家就在变化。家从几口人,一间房,每日吃饱即足以开始变化了,变成了对生活质量有要求,对社会、对个人有期望,家随着人在变。家从用火照明变为用煤油灯照明,再变为用蜡烛照明,又变为用白炽灯、LED 灯，家的生活方式在变。家又从一个石洞，一间木屋，一个砖头屋，变为一座高楼、一幢别墅，家因人变而变。直到现在，家早已不为衣食住行而愁，而是为睡起来不够舒服、空间不够大而愁，也许现在看来家没变，但是，未来，家也必定会改变。家在变。

变化的是国。中国从一开始领先世界到被别国反超，到被欺凌，再到奋起反击，到现在又站了起来，一直在变。国家的变化，也改变着家，改变着人。所以说万物都是在变化的，有些国家由衰转盛，又有些国家由盛转衰，一切都在变化。变化促进着国家的进步，变化与国家是共存的。中国的变化特别明显，从吃不饱到吃饱喝足到科技发展一切皆在进步。国在变。

变化往往伴随着一切，这个道理才是亘古不变的，不必为眼前的小失小利而悲伤或高兴，因为时过境迁，沧海桑田，一切皆在无穷无尽变化之中。

窗外夕阳

当阳光泻入窗中，充满教室之时，我便知道，黄昏已至。

——题记

夏过秋至，日短夜长，但这却可以让我在学校的窗中赏到日落的夕景。

我轻轻放下笔，任其在书桌上滚动，仰首将目光掷于窗外，偶见夕阳将沉，葳山的文笔塔边熠熠闪着金光。日落了。瓦蓝的天空已不知往何处去了，只见一轮太阳在空中，欲将碧落染成如同烈火般的颜色。火烧云自是少见，但"火烧山"更为罕见。日欲将沉入沧渊，清澈在山上之时，天空红了，也给山镶上了一层闪着欲将迷人眼的金边，山像被烧着了一般。一片红光，弥漫在山上，初晨的雾被烧退了，正午的翠被烧散了，整座葳山，只见黄灿灿一片，奔放豪迈。此刻，夕阳的光辉悄悄地涌入教室，整间教室橙光闪闪，熠熠生辉。金属的窗框也将夕阳的光芒反射出去，闪人目光。此刻，我已忘记了黑夜将至，只身投入金色的海洋之中。

天色渐晚，但夕阳依旧。傍晚的阳光已只身投入大地的怀抱，将一切照亮，让一切都闪闪发亮，好一片金色的海洋。仰望碧落，俯视方仪，万物皆被染成了金色。过半晌，天空已有了黑色的印记,黑暗仿佛正吞噬着这整个世界,与这大地上的最后一片光明做斗争,很明显,黑暗更胜一筹,大地似乎被金色描边,默默地与这黑暗进行着最后的斗争与较量,但这只是徒劳……

几分钟悄然逝去,黑暗也漫布了整个世界,天黑了,万家灯火齐亮,又宛若一个白天。

黑暗固然是沉默的、无趣的,甚至是可怕的,令人畏惧的。但是黑暗来临之前呢?是黄昏,黄昏何尝不是美好的,令人赏心悦目的呢?一杯热气腾腾的不夜侯,配上这美好的黄昏,这难道不是一桩美事吗?黑暗来临之前,也许比光明更美好。黄昏自古以来就是忧愁的,但它为什么不能与朝阳齐名呢?也许,黑暗中也带着光明的美好。人生也是如此,尽管陷入低谷,但是低谷之时也会有低谷的美好,何必自弃呢?不如去关注低谷的美好,发现失败中的成功。

窗外的夕阳不仅美,又引发了人生的思考,夕阳又何尝不能与日出齐名呢?

天空的力量

　　从参天大树隐天蔽日的蹊径中拐过去,苍蓝的天空赫然出现在我的眼前,一望无际,向着世界的尽头延去。

　　天空是我经常忽略的,我总是低着头看地,却不曾望向深邃的天空,了解天空与其他的不同,但这一次却真的觅到了不寻常之处……

　　一日清晨,阳光方才洒入各家各户中,将每一座建筑,每一棵大树,每一位匆匆赶路的行人,都镶上一层淡雅的金边,使这一切都变得光芒万丈。我走出门,来到楼下,走向了那一条绿树成荫、将天空拒在绿色之外的小径。缓缓走出去,来到小路的尽头,绿树遮成的阴凉也戛然而止,仅仅剩下布满阳光的大地和光秃秃的天空。我昂首望向天空,被那抹置身于世俗之外的蓝震慑住了,那抹蓝不同于湖水的反射,也不同于用水彩绘制出来的蓝,那是一种带着透明感的幽蓝。它似有似无,如同一层笼在地球上的薄纱。它仿佛触手可及,又似乎遥不可触,那种清爽、那种明朗已经难以用平凡的文字来叙述了,它将自己置于世俗之外,不受世俗的影响,宛然是一种超凡脱俗的风景。它是如此的高远,又是如此的平常,任我们如何评判它,任我们如何叙述它,它却依旧傲然清高。一股清新的感觉缓缓涌入，这是一股来自天空的力量。在那一刻，天空仿佛就在我的眼前，只要伸出手，就能触摸到它，这就是辽阔的天空……

天空是如此不受人干扰，它不会在意世人的指指点点，它只会不顾一切，为着自己的目标、梦想而奋斗。你向天空投掷什么东西，飞得再远，也伤不到天空。正是因为它有着超凡脱俗的境界，又岂会在意他人的指指点点？它是多么深邃，多么远大，它将身处世俗中的人的评判当作笑话，将他们的伤害当作鸿毛一羽。

人也是一样，何必要在乎他人的评判与指点。只要目标正确，那就向着目标而奋斗。一旦你达成了你的目标，那么世人的批斗对你来说已经不重要了。就像那高高的天空，没有什么能伤到它，没有什么能使它改变，它沉默不语，不去回应那一些蝼蚁的嫉妒的看法，因为它是那么遥不可及，这些言语又岂能伤它半毫呢？我们也何尝不是这样，向着正确的目标，采用合理的方法，不去在乎别人的眼光，奔赴而去！

天空给予我的力量是特别的，是难忘的，是其他东西难以赋予的，是可以令我铭记一生的。纸上的篇章已告一段落，画上了句号。但是，生活中的故事却还在延续。

天空给予我的力量将随着时间的流逝，更加熠熠发光。

生活引出智慧

智慧来源于生活,但往往能高于生活。

某日,我正在家中闲坐,本想顺手削个水果,但是当顺手拿起旁边的小刀,弹出的小刀令我震惊了:小刀上锈迹斑斑,铜粉包裹着整把小刀,而其中还带着一层淡淡的黑色。很显然,小刀已经被水泡了很久了。"这种刀能削水果?"我心里困惑不解,一是在想这把小刀身上发生了什么,二是在思考我是否要将其丢弃。由于这把小刀的小巧、便于携带性,我十分喜欢它,从而有些许不忍心。顿时,我不知该如何才好,手握着小刀悬在垃圾桶之上,犹豫不决,心中的不舍已经占据了内心的七分地。就在我手将松开时,一个科普视频霎时间闪过我的脑海:电解质。据视频所描述,电解质可以有效消除锈质,随后我就准备将这些理论付诸实践。

我在网上查阅了大量的相关资料,经过类比,我终于确定了方案:由于家中没有电源控制器,所以我将12V电压改为3节5V电池相接,电池一极连上小刀,一极连上一块完好的铁,接下来准备一些水,将少许食盐加入水中并且拌匀,再将小刀与铁一起放入水中,通电、等待就完成了。我规划完方案后,跃跃欲试,立刻翻箱倒柜,找尽家中犄角旮旯的地方,将材料凑齐。一开始一切还十分顺利,但是后来问题出现了:不知为何,电池有些许发热,起初,我认为是漏电之类的原因,但是多次尝试无果。正当我急得焦头烂额时,我突然想到了一个生活中十分常见、最笨也是最快的方法,我将电池中的"禁忌"一栏抄了下来,一条一条排除,最后发现是因为出现了短路——在水下,小刀与铁碰在了一起,修正后也就顺利完成了除锈的"大任"。

于此事中,我发现了一个奇妙的事情,那就是——智慧来源于生活。智慧不是与生俱来的,就算是天才,若不进行生活实践,他的智慧仍然是一无用处,无法真正发扬光大。所以说,智慧来源于生活一点没错。智慧只有在生活中才会被激发,只有遇到了困难才会被激发。如同手机短信的发明——手机短信是因为欧洲工程师们在工作中交流极度不方便而发明的,现在却成了我们生活中不可缺失的一部分。足见,生活中有些许不方便反而能引发出大智慧,生活中的智慧也许微不足道,但是唯有其一点一点累加起来才能变成大智慧。

生活中处处皆是智慧,唯有肯动脑、善发现的人,才会真正运用到这些智慧,并成为生活中的达人。

那句话，我总也忘不掉

"此心光明，亦复何言。"大屏幕上出现了这句话，庄重深邃的声音在我耳边回响，王阳明所说的这句话令我深思。

新年期间，我二访王阳明故居。第二次拜访时，王阳明平生辉煌的事迹犹如电影一般在我脑海中放映，而最令我对王阳明感到敬佩的，就是王阳明在江苏临终时对其弟子说的话："此心光明，亦复何言。"这句话也许是王阳明所留下名言中最不起眼、最普通的一句，但它道出了王阳明不平凡的一生，同时也是蕴藏着无尽哲理的一句话。走出王阳明故居已然是下午时分，天色也略显灰蒙，但是我心中却光明万丈，而王阳明的"此心光明，亦复何言"，也成了烙印在我脑海中的一句名言，令我无法忘怀，久久不能释然，这八个字对于我而言，价值不可限量。

"此心光明，亦复何言"这句话的直译是：心中光明磊落，又何必再说什么呢？是啊，只要心中光明，不必说什么，他人也自觉得你非常人也，而不是心中阴暗，嘴上却吹嘘着自己的光明、自己的伟大。但这些人真的是如此吗？非也，这一切不过是他们的一厢情愿罢了，所有人都明白他们丑恶的嘴脸，不过是碍于他们的权力，碍于他们的钱财而不敢多言罢了。若是心中同王阳明一般"此心光明"，那么"亦复何言"呢？真正心中光明的人是不必用言语来吹嘘的，人们自看在眼中。

生活亦是如此，只要你心中目标正确，心中光明磊落，也不必嘴上高喊要干何事，只要心中光明，人们自会理解你，自会知晓你的鸿鹄之志，正如王阳明所言："此心光明，亦复何言。"纵观王阳明的一生，他从未在人们面前吹嘘自己的能力、自己心中光明，但他的弟子遍布大江南北，甚至在日本，他的地位仍十分高尚，他心光明，不必多言仍然受世人尊敬，被世人崇拜。回过头来看当下，看自己，想成大事，必先"此心光明"，拥有正确目标、光明磊落的内心，再为其去奋斗，不必说得天下人皆知，只要自己明白就够了。王阳明一名文人曾多次平定战乱、叛变，难道这全都是因为王阳明的武艺计谋吗？不然，其实还有他光明的内心令贼人心甘情愿服从他。"此心光明，亦复何言"何尝不是他人生的缩写呢？当然，这句话更是我们应当追求的目标。通过王阳明的一句"此心光明，亦复何言"，我大受震撼，王阳明的一生，即是如此。

此心光明，亦复何言。

周家路

五年级

☂ 三秒钟

突然,我的眼眶里充满了热泪,我的眼睛里充满了无限欣慰,我的眼神间透露出真正的感动。

因为,在今天,老师给我们看了一部微电影,这部没有名字,也没有任何声音的微电影,却让我万分感动。故事是这样的。一开始,在几座光秃秃的小山丘上,有一座小得就像一间卫生间的屋子,镜头一下子闪到这间屋子里,突然,我看到了一个个灰头土脸,像极了城市里的乞丐的小朋友,他们的衣服上到处是补丁,到处是缝补的痕迹。我一下子就明白了,他们是山区的小朋友。

第一秒,是愤怒。当我看到他们衣服破破烂烂的时候,我在想,他们为什么会这样呢?身上穿的衣服,大了;他们穿的裤子,小了;他们的鞋根本就不合脚。衣服上到处是灰尘和白点,穿的裤子有的虽然完好,但不合身,有的则是破了洞的七分裤,鞋子更是脏得像烂泥。现在,他们正坐在一块大石头上读书,我看到他们神情非常严肃,嘴角下弯,旁边有两个土豆。我想,为什么要这样! 他们怎么会变成这样?

第二秒,是欣慰。突然,一位年轻人走了进来,他激动地对小朋友们绽开像花儿般的笑脸。他打开手上的神秘大包裹,里面竟是一件件旧衣服。小朋友们见到了一哄而上,争着、抢着,他们的脸上露出开心极了的笑容,犹如中了一张五百万元的彩票。他们跳跃着,互相展示着他们的"新衣服"。我想,假如你亲眼见到了如此情形,你的心中就绝对不会再有愤怒和抱怨。

第三秒,是感动。我无法想象在如此艰苦的环境里,他们是怎么生存下去的。我的同情心使我的眼里满含泪水,这种感觉是只可意会不可言传的。看着这群孩子,我心里无比惭愧。

突然,电影结束,在大屏幕上出现了以下几行句子:

"现在你不妨将你的旧衣服。

"放入大青蛙里面。

"这样会使他们更加快乐!"

石松云泉

　　俗话说得好："五岳归来不看山,黄山归来不看岳。"这说的就是黄山。为什么黄山备受人们喜爱呢?就是因为黄山的"奇"。

　　石奇。在黄山,你一定不能错过的是那些天然形成的石头。有的石头就像一个桃子,又像孙悟空蹦出来时的那一地巨石,所以人们都说这是孙悟空的出生地。有的像一只俏皮可爱的小狗,这只小狗的头向天仰望,这不就是天狗望月吗?还有的像一位白发苍苍的老年人,手上还拿着一根拐杖,这一大块石头非常光滑,几乎没有一处裂缝,这就是举世闻名的"仙人指路"。

　　黄山不但石奇,那些长在悬崖峭壁上的松树就更奇了。有的松树挺立在一些大石块的缝隙中,非常苍劲高大。到了冬天,雪花飘落下来,积在松树叶上,那洁白无瑕的雪花和那青绿的颜色完美地组合在了一起。伸手触摸,只要稍一抖动,积雪和松树叶就会发出"唰唰"的声音,听起来也愈发叫人心旷神怡。还有的松树横着长在石头上,树上的松针就像一位位小士兵,来保卫主干不受侵蚀。

　　黄山最奇的,我想一定是云。在晴天的清晨,早上六点,你会看到一大片一大片的云。有的云就像一架飞机，配上那白色，我感觉它已经在飞行了；有的云是一大片的，时不时还有一种颗粒物突出来，就犹如一片片麦田；有的云又会是一条完美的弧线，为正在飞行的飞行员指路。反正，黄山的云千变万化，有数不清的形态等你去看。

黄山不仅云很奇，那儿的温泉也很奇异。在山与山的交接处，总会出现热腾腾的温泉。有的温泉时不时冒几个泡，好像在告诉我们它也是会动的。有的温泉非常平静，就像一片湖，蔚蓝色的天空倒映在里面，时而有一群大鸟飞过，这无疑是大自然的恩惠。还有的温泉清澈见底，看起来让人舒适万分。

黄山，是大自然给我们的恩惠，我喜欢这片神奇的土地。

梅花香自苦寒来

"不要人夸好颜色,只留清气满乾坤。"古往今来,人们都一直在歌颂梅花,那到底是什么,令文人墨客都为之着迷呢?

我着迷于梅的婀娜多姿。这个世上,很多花选择在春天开放,唯独梅花,它跳了出来,仿佛是为了迎接春天的到来,选择在冬日,与漫天飞舞的雪花做伴。它挺立在了冬日,就像古代诗人写的"梅须逊雪三分白,雪却输梅一段香"一样。它整体比较矮小,枝干也犹如歌女一般纤细,它的花是白色的,仿佛是在给中心的花蕊一个洁白无瑕的舞台,里面的花蕊笔直地立着,真像一位蓄势待发的战士,令人如此着迷。

我着迷于梅那自强不息的生命力。你想,在冬天,一朵花儿独自绽放在风雪之中,然而,它倒下了吗?不!它没有,即便在这风雪交加的寒冬,它也依靠着自己的生命力,顽强地活了下去,反而开得更加美丽,更加灿烂了。在这冰雪之中,梅更加努力地将美丽展现给了我们。这顽强的生命啊!

我着迷于梅那无私奉献、不肯低头折节的精神。它像过年的时候在边疆驻守的战士,在零下二十几度的超低温度下,也要挺立在极端的环境之中。它像红绿灯,如果没有它们,整个交通系统必定会乱糟糟的。梅花就像一只小精灵,为冬天增加了乐趣。梅花,你应该为自己感到自豪。

　　梅花,它虽然不像桃花、桂花、菊花那样香味沁人心脾,也不如玫瑰花一样漂亮,但就像古人说的那样,宝剑锋从磨砺出,梅花香自苦寒来。

品味成长

什么是成长？你自己悟出了一种道理，这是一种成长；你可以自觉地完成作业，这也是一种成长；成长也可以是你学会了做一碗金黄的炒鸡蛋。所以，我们每时每刻都在成长。

这是一堂语文课，我们的张老师喉咙哑了，示意要请一名同学当他的小话筒。我心里想：这可是件稀奇事，张老师居然哑了，这堂语文课就有意思了。我马上举手，在这二十几双手中，我被选中了，我马上要发话了！

首先，张老师拿出语文书翻到第十七课，用手指指了第一段，我马上领悟意思，命令道："把课本翻到第十七课，读第一自然段。"大家开始读，我也加入其中，只是声音越来越轻，有几个同学居然还在底下讲话，这指定是没把老师放在眼里。张老师又指指字帖指指雨泽，我马上问："是不是让他们一个人练一张字啊！"老师笑笑，点了点头。我马上拿起字帖，让他们抄课文，我用余光还看到了小黄在课本中夹了本书，正津津有味地看呢！要是在平常，他连书都不敢拿出来，今天准是吃了熊心豹子胆。我打小报告，张老师居然摆摆手笑笑，在纸上写了几个字：让他看。我不理解也实在不懂，如

　　果蔡老师来的话,一定罚他写十张钢笔字,张老师居然放过他。

　　这让其他同学更为胆大,我怎么训斥都不听,调皮大王索性在过道上走矮子步,幸好还有几个听话的同学认认真真地回答问题、读书。如果没有这些人,这堂课就要被闹翻天了。

　　第二天,我发现张老师布置的作业格外多,幸好我赶完了。那些没写完的人有的被放过,有的被留下,我看不懂。最后,我们放学了,几个同学求张老师让他们走,张老师拒绝了,一脸严肃地说:"记住,人是互相尊重的。"原来这些被留下的都是昨天课堂上的"调皮鬼",我从中吸取了教训,课上举手发言,不在底下乱说话,认真听讲,上课专心探索积极发言,不再像以前一般调皮捣蛋了。

　　是的,我成长了,我懂得了尊重是多么重要的品质,而张老师说的那句话"人是互相尊重的",将深深地刻在我的心中,永远!

千岛湖之美

　　突然，一道金色的光芒，闪入我的眼睛。初晨的阳光洒在湖面，掀起一层波光粼粼的浪花，好似一张布满皱纹的面孔，只听见几声"唰唰"的浪花声。此时，我的心已被大自然带来的恩惠感化了，再加上岸边树木的绿，我全身的疲惫感便消失了，这就是清晨的千岛湖。

　　千岛湖是我国著名的景点，在各个时间看它真是各有不同。

　　下午，千岛湖岸上的人多得数不胜数，他们有的坐在大石头上，将双脚浸在水中。有的拿起大漏勺，在雪白的沙滩上寻找贝壳。还有的坐着小船，游荡在湖里，感受大自然的魅力。在高山上俯瞰整个千岛湖更是别有一番滋味，一座座湖上绿岛浮现在我的眼前，它们犹如沙漠中的绿洲，凡是有土的地方，几乎没有一处不长树木。这时，蓝天犹如一块晶莹剔透的宝石。

　　夕阳下的它更美了。这时，人们走了，湖面水平如镜，太阳从耀眼的金光变成了温柔的红光，天空已经被渲染成了紫、红黄、蓝白色，它好似一件旗袍，给天空一种平静的状态，微风拂过，眼前的景色又仿佛一首催眠曲，使我的眼皮仿佛有千斤重。太阳已经到了水平面,整片湖水变红了。

夜晚,突然下起了蒙蒙小雨,街道上车水马龙,灯火辉煌,汽车的鸣笛声结合发动的声音,使我感到热闹极了。雨还在下,好像在冲洗这座城市。到了饭点,上午渔民们捕到的鱼就派上了用场,什么草鱼呀,青鱼呀,鲫鱼呀……烧湖鲜的香味弥漫到了这座城市的每一个角落。这时的"湖底时光隧道"里面有各种通过 3D 投影的效果,就连巨齿鲨都给你整出来了,这些"生物"来撞击隧道时的震动感非常逼真。

人的一生非常短暂,有的奇观你不去看,就永远看不到。人的一生非常短暂,所以该多去旅行。千岛湖,你太美了!

我的邻居丁奶奶

　　俗话说得好:远亲不如近邻。每个人都有自己的邻居,他们都有着不一样的闪光点。

　　我的邻居丁奶奶心灵手巧。一次,我去丁奶奶家里和她的孙子一起玩,看到了她做大肉包的手艺。丁奶奶手上先拿个面团,往刀板上一扔,顺势拿出擀面杖,在面团上滚啊滚,一个雪白的面团就变成了好似大转盘的面皮。她左手拿着面皮,右手往面皮上洒些水,放进肉末撒上一些葱,再用她那充满活力的手,像魔术师一样变出了一个包子,然后再按上些芝麻,做出一个笑脸,可爱的大肉包就做好了。她高高地举起这个大肉包,大肉包在灯光的照耀下更加可爱了,丁奶奶那沧桑的脸上布满了满意的笑容。

　　她把做好的大肉包一个一个有序地排列起来,将它们放进笼子里蒸。一个个包子在蒸的过程中慢慢变白,变胖,就像一棵棵树苗一样,而那必须的水和空气,就是丁奶奶精湛的手艺。她都一大把年纪了,居然还能做出这种包子,真可谓是宝刀未老啊!

　　香气扑鼻的大肉包不一会儿就出炉了,我是个名副其实的"食物粉碎机",哪还顾得上洗手,一把抓住大肉包,两三口,一个肉包就被我消灭了。丁奶奶兴奋地问:"好不好吃啊?"我的舌头告诉我那面皮的筋道、那肉和葱的完美搭配简直无敌。我立刻回答:"这也太好吃了吧,跟'同心楼'的包子一样啊!"丁奶奶听了我的话,心里非常有成就感,脸上露出了满意的笑容。

丁奶奶不仅会做大肉包子,还会剪窗花。每逢过春节,她就会给我们送来几张窗花,她今年剪的是"年年有余",先将一张红纸对折,再在左上方剪出一条十分有灵性的鱼,用小刻刀在鱼上刻出美丽的条纹,将纸展开,就可以见到两条鱼正跃出水面。她再用小刻刀刻上荷花和涟漪,一张窗花就剪完了,这可是一件非常需要耐心的事。在过年的时候贴上窗花,不仅为春节增添了喜庆,还为春节增添了一份温暖的气息。

丁奶奶有时还会和我打羽毛球,虽然有点困难,但是她坚持要打,我只好让着她点。我先开始发球,一个小型高远球飞向丁奶奶,她顺势一勾,又弹回来了,这一球可险了,擦边球,就是我用尽全力也无力回天。

这就是我的邻居丁奶奶,真是一个名副其实的"老顽童"。

夏日之声

听,春姑娘的美妙歌声已经消失,接下来又会是谁来续写四季的乐曲呢? 答案是:夏天。

听,夏天在池塘里一展歌喉。它鼓动体态轻盈的小蜻蜓,用那如同玻璃般的透明"机翼"尽情抖动,发出"嗡嗡嗡"的响声,好像小蜻蜓正在和夏天进行对话。池塘中还有一位歌手帮夏天打着节拍,"啪啪啪"地打拍子,这位歌手就是:荷花。它绽放时就会发出这种声音。它的颜色非常粉嫩,在夜里看荷花的话,还可以见到它发出微弱的光芒。边上的荷叶就好似一只青玉盘,接住夏天送给它的露水,"滴滴答答"的声音随之发出。

听,夏天在树林里引吭高歌。每一次大风刮过,全部的小草就会随风舞动。顽皮的小猴子掰下一根小树枝,和其他猴子打闹、乱成一团,发出"叽叽——"的声音。当然在树林里还有一位医生——啄木鸟。它可厉害了,只要躲在树木之间的小虫子发出一点响动,哪怕只是转个身子,医生就会马上赶来,火速展开手术,用它那尖锐的嘴巴"咚咚"地啄着大树。我想,大树肯定很痛,但是为了把虫子抓住,只好这样。受诊的大树只需几天的时间就可以恢复,这位医生可真牛哇!

　　听,夏天在泳池里欢乐歌唱。小孩子们手拿水枪"嗞嗞"地发射水弹,分成两队开始打水仗。泳池的水面发出"哗啦啦"的声音,此时,一个小孩潜水过去,手拿水枪,往敌方的肚子上射,那个被打的小孩,被打得在水中翻了个筋斗,潜水过去的那个小孩子哈哈大笑。小孩子们有的吸取教训提了个水雷,只要有人再来玩这一套,他们就触发水雷,"嘭"的一声水花四溅。大人们,吃着西瓜在石桌上下中国象棋,这也太悠闲了吧。

　　夏天的歌声就是这样,不知道秋天的歌声会怎么样呢?

智慧犹如群星

人生中最宝贵的,莫过于智慧。智慧在生活中无处不在,就犹如太空中的群星一样,处处焕发着它那夺目的光芒。

智慧犹如群星,吸引着我们。我在家中闲暇时,做过一个神奇的实验,家中有绣球花蔫了,但我却没有将它扔掉,只需两步就可以变腐为新:第一步,把多余的枝枝叶叶剪掉。第二步,将花放入水中。由于绣球花全身布满气孔,吸水能力极强,所以把花整个浸泡在水中,就能加快它的复水和质壁复原。这样等几个小时之后,就可以将花复原了。自从我发现了花中的智慧后,我就对生活中的智慧十分期待了,我在心中对人类的智慧赞叹不已,这智慧不正如天上的群星吸引着我们的目光吗?

智慧犹如群星,促使人类进步。人类从用双脚走路到骑自行车,从自行车到汽车,从汽车到飞机,从飞机到磁悬浮列车。是什么推动人类发展的?是智慧。是智慧让人们开始用双脚走路,是智慧让科技发展变得迅速。古代,鲁班在上山之时受到一株小草的启发,发明了锯子,是什么使他发明了锯子?是智慧。人们从用飞鸽传信,到后来的电话交流,从用电话交流到手机,其中无时无刻不体现智慧的力量,进步靠智慧，人类文明发展之所以一日千里，不是金钱铸就的，而是智慧。这智慧不正如群星，促使人类进步吗？

　　智慧犹如群星，在生活中会帮助到你。一次，我的平板电脑没电了，我想拿充电线，但线却在横杠上打了一个结。我想：这绕过来也不够，完了，卡死了。我便请号称"百事通"的表哥前来帮忙，表哥一看，便哈哈大笑："刚想给你变个魔术呢！这不就来了！"只见他把其中一头穿过第二个洞，轻轻一拉，神奇的现象出现了，充电线解开了，完美地绕过了横杠。我到后来才知道那个结是一个活结，可以不用按原来系结的方法解开。这智慧不正如群星，会在生活中帮助到你吗？

　　生活中无时无刻不体现着智慧，而我们，要用心发现智慧，并利用智慧，使自己的人生变得如群星一样闪耀！

枫之韵

"停车坐爱枫林晚,霜叶红于二月花。"

——题记

在秋天的乡野中,有几棵枫树绽放着色彩。枫,给人带来一种愉悦,让我们游荡在大自然的无限魅力中;枫,给人带来一抹色彩,刻在心中,无法抹去;枫,给人带来浪漫,让人时刻想念,流连忘返。

这次,我回到了老家,看到了田野,而在田野后山上,是一山的枫树。一山的枫叶,一山的红,远远望去,漫山遍野,酡红如醉,层林尽染,虽然其间还是有黄色的,但这更为秋天增加一份美意。秋天的枫叶,犹如一团火在风中跳动,犹如一只只红色的蝴蝶,随风舞蹈。枫,何不是秋的代名词呢?

走近了看,又是另一番景象:与粗壮榕树相比之下的枫树,更像一位弱不禁风的女子。树上的枫叶随风飘下,落入我的手掌心,像一个小巴掌似的,周围长满了凹凸不平的锯齿。叶子的末端是整片叶子上最红的地方,一旦刺破,仿佛叶子中的"血"就会流出来似的。叶子的叶脉清晰可见,如果把叶肉都取下来,剩下的叶脉正是一棵枫树。我踩着脚下那一堆枫叶,发出清脆的响声,边上的小溪叮咚响,溪水溅起的每一朵浪花都像是一幅山水画似的,风中的枫叶还时不时地飘进水中,仿佛一叶扁舟随波逐流,河边的芦苇秆挺立着,头上的毛犹如松鼠尾巴一般。

枫叶之所以好看,是因为在别的树叶已经枯落的时候,它却偏偏开得艳丽,它耐得住风雨交加,经得起秋之摧残,别的树在秋天枯落之时,唯有枫树开得正当时。正所谓来得早不如来得巧,人也是一样,做事要看准时机,抓住机会,乘胜追击。这也是我尊重枫树的原因了。更让我震撼的是,它居然可以在寒冷的季节化身为红色的使者,可以与梅花相媲美。然而,这都不是最重要的,重要的是那一抹红,那红红得漂亮,红得潇洒,红得坚毅!

离开这座山,我也体会到了杜牧"停车坐爱枫林晚,霜叶红于二月花"的感受,我感受到了来自枫的独特韵味。

困难，不是你放弃的理由

——观《流浪地球》有感

困难，一个难住无数人的词汇，却总有一些人成功克服了它，而克服困难所拥有的智慧，是简单的亦是复杂的。

——题记

"野火烧不尽，春风吹又生。"一株在原野上平平无奇的小草，被火烧焦，但一到春天，万物复苏，小草又长了出来，这使我深感震撼。这种精神又让我想起了电影《流浪地球》，故事起于一个末日设定，讲述了太阳在一百年后就会发生氦闪，人类借助木星引力死里逃生的故事。

其中"领航员"空间站中的刘培强少校是一个舍生取义，以大局为重的人。在地球不断向木星接近之时，地球的行星发动机受到木星的引力影响，全部停止运作，人们把燃料火石集中在一个量子发动机上，想借火焰直冲天空，引爆木星，从而得到反推力使地球飞出太阳系，但火焰高度不够。就在这整个世界都着急的时候，刘培强发现了一个更令人绝望的消息——联合国五大常任理事国开启"火种"计划，决定放弃地球，借助空间站逃离，刘培强十分伤心。就在这样一个困难的时刻，刘培强做了一个决定。

　　他穿上宇航服和自己的儿子打了一个电话后,悲伤地载着空间站的十二吨燃料奔向木星。他为什么悲伤?他已经十七年没有见过自己的儿子了,他完全可以用宇航员的身份和空间站一起逃逸。他为什么这样做?他也可以和自己的亲人一起逃走啊,但他却以他一个人的生命换了全球三十五亿人的生命……

　　关上电视,再想想,上天每制造一个困难,同时也就会创造一种方法来应对困难。在围剿国民党的时候,上海的国军防线是一个大问题,蒋介石倾国之兵力,全部防御到位,如果想攻下上海必须拿到上海地形图,这下怎么办?只能靠在上海的地下党用电报发给攻城的解放军。国民党也不傻,每天二十四小时听着电报,一旦有人发出电报,立刻抓捕,但他们小看了共产党人解决问题的能力。地下党一位代号李白的年轻人拼死将电报发出,最后将电报的翻译纸吞下。国民党气不打一处来,把李白给枪决了。上海因为李白的不屈才得以解放。

　　在我看来李白的死是为了民众,是为了上海的人民。而在抗日战争中汪精卫是个头号大汉奸,他不顾民众的悲痛,屈服在日本人的脚下,只想着自己的安危,他十分害怕日军的攻击,对中国军队失去信心。由于对日本帝国的恐惧日益增加,他做出了惊人的决定,公开投降日本,表达建立汪伪政府的意向。他的举动引起轩然大波，他在与全中国人民唱反调。国民党决定开除汪精卫的党籍，并打算把他除掉。终于，在1944年，他在全国人民的唾骂声中病死了。

在困难中成长，在逆境中反击，在绝望中获取希望。我希望我可以在困难中成长起来，在绝境之中醒悟。困难，从不是你放弃的借口。

河岸之韵

　　我凝视着那条神秘而又充满未知的河,河也在凝望着我,此时那条河似乎在与我无声地对话。我细细聆听着河面上的风声,感受来自大自然无形的美。

　　我独立于河边,观花、草、树木。月光十分柔和,光照着地上的青草,而青草却和月光那别具一格的银融在了一起。微风拂过我的脸颊,柳条配合着风摇曳着,新长出来的柳叶无时无刻不散发着沁人心脾的香味。闻了味儿,觉得少了点什么,抬头仰望星空,又是别样的一番风景。星光一闪一闪,在和人们打招呼,一点一点的微光在我的脑海中组成了奇形怪状的图案。我突然发觉站着也有些许累了,便躺在软软的草地上。静,太静了。

　　闭上双眼,风声告诉了我一切。河流“哗哗”地朝下游流去,月光洒在河面上,波光粼粼。河中的生物在干什么? 鱼儿心血来潮,跃上水面,清脆的声音使我心旷神怡,我似乎察觉到了什么,坐了起来,看草地上的那一只蚂蚁,蚂蚁用尽力气将食物搬回巢穴,却享受不到美食。我联想到了人们,有的人一生忙忙碌碌,却只是别人的一颗棋子,就像现在如果我想杀死蚂蚁简直轻而易举。我沉思着,思考着。

　　抛开一切烦恼，再望望河面。深沉而未知的黑，太黑了，反映着我的脸。从浅一点的河沿望去，可以清楚地看到有几条小蝌蚪，在河流中游荡，它们仿佛有什么事情一般向下游游去。我再次凝视着这条河，一丝令人好奇的神秘感，让我想扒开一切的遮挡物。

　　伸开手掌，一片枫树叶翩然而至，像一个小巴掌似的，周围长满了凹凸不平的锯齿，叶子的末端是整片叶子最红的地方，像一根血管似的，仿佛一碰汁水就会流出来，如果将剩下的叶肉去除，就可以得到一棵小枫树。枫叶继续飘，在空中舞蹈，最终落在泥土之中。

　　我不禁思绪万千，人的一生匆匆忙忙，生命很短暂，你又能在这段时间中做些什么事呢？就像大文学家朱自清写的《匆匆》那样。而做出的贡献是永恒的，尽管一个人可能记不住你的贡献，但一千个人一万个人，总有一个可以记住你所做出的一切。我望着那片树叶，笑了笑。

　　这片景色的未知与神秘是无法想象的，在这一片幽静之中，我感受到了不一样的韵味。

开在记忆深处的花朵

　　"轰——"春雷一声巨响,万物即将复苏,百花齐放,百鸟争鸣,刹那间大地成为花海,美丽而迷人。在我的心中,也有一朵花悄然绽放。

　　那是一个雨天,我正身处地铁站,而那时正是下班高峰期,闷热的空气中夹杂着人群的汗臭味,我快步走上前,想快点离开这黏人的空气,希望把头伸入雨中,和大雨来个亲密接触,将身上的烦躁与闷热通通打散。到了站口,果然不出我所料,空气中的闷热烟消云散。我看到了一名小朋友,只有一二年级的样子,他正拨弄着他的电话手表,仿佛在焦急地等待什么,他十分紧张,眼角竟流出泪水来了。我看着他的模样,不知为何,我愣住了,我抬头看了看散着冷光的灯,亮中透露了一丝惨白,再看看马路上稀疏的车辆,行色可疑的行人,我的心不禁提到了嗓子眼儿。我的目光突然和他撞在一起,他看看我,我看看他,我不禁呆住了。"呃……小朋友,你怎么了? 你是不是在等什么人?"他没有说话。

　　他沉思许久,指向一边的监控,我看了那监控一眼,没怎么啊。我的心里疑惑不解。"哎呀! 哥哥,你能把我送回家吗? 我本来自己坐地铁然后走回家,可是现在下雨,我又没伞……"我与他交谈了一会,原来他让我看监控是怕我是人贩子,而他打父母的电话打不通,所以请求我带他回家。"可是我也要回家啊!""我们是一个小区的,你看,你的腿上还粘着快递的地址呢!"我看看腿,果然,我的腿上粘了一张纸,我暗暗佩服这个小朋友的观察能力。

我打开伞,虽然小,但是两个人挤挤总是会有空间的。我们走在道路上,雨珠溅起,我半边的身子被淋湿了,但是我却不感到寒冷。我望着他那双天真的大眼睛,悬着的心终于落下了。我们就这样走着,一路上没有什么交谈,但我的心中却涌起一股暖流,同时,我的心中传来一股莫名的成就感和自豪感,使我坚定了脚下的步伐。今天,我的善意传递给了那个小男孩,这种善意并不是与生俱来的,我也希望那个小男孩可以将这份善意传递下去,温暖整个世界。

我把小朋友送回家后,我也走回家,我看着家门口的那一棵迎春花,空气中弥漫的香味夹杂着泥土的湿润,我抬头看了看那朵怒放的花儿,我笑了笑,心中的善意之花悄然绽放。

虽平凡，但心善

　　每一个人都有独具一格的特点，虽然各有特色，但实际上都是平凡的，只不过在做不同的事时，有些人会吸引大众的目光，而对我来说，平凡之人，也有一颗善解人意的心。

　　我曾经历过这样一件事：暑假时，我全家都去上海游玩，在登机之前，需要做的一件必要的事，那就是安检。安检员是一位精明的中年男子，排在我们身后的是一位挺着大肚子的妇女。那位男子身穿正式的工作服，神情严肃，冷漠地实施检查，"嘀——嘀——"不一会儿，我们就通过了安检。

　　突然，我手中的魔方滑落在了一边，我赶忙回去捡，但当我的目光落在检查器上时，竟发现它被安检员藏在了背后。我想：不对啊，难道她不用安检吗？我疑惑不解地望向那位孕妇，除了看见她有一个大肚子外，也没有什么异于常人之处呀！只见安检员脸上的表情由阴转晴，温和地对那位孕妇说道："请前往C1特别检查区进行检查。"于是孕妇拖着疲惫不堪的身躯，一步一步地走向了C1特别检查区。而当孕妇走后，安检员手上拿了一台对讲机切了一个频道说："一位孕妇前往C1区，请特别关注。"只听话筒中传出"收到"二字，我的心中涌起一股被善意染上的滋味，安检员的形象在我心中突然变得高大起来。

　　"唉，终于到了。"我走上飞机，却又瞧见那位孕妇，而这一次，她坐在了对于她来说十分狭小的空间里。空乘见到此番情形，立马走到一名小伙子旁对他说道："您好，先生，这边有一位孕妇，坐在那里可能会不大方便，您可以跟她换个位子吗?"小伙立刻爽快地答道："行啊，我还想看看窗外呢!"空乘随后就联系了那位孕妇，对她说："您好，打扰一下，您坐在这个位置可能会不大方便，我们可以帮您换一个位置。""真的吗? 谢谢了!"她神情激动地说道，她走到小伙子原来的座位上坐了下来。我的心中此时又是一股暖流涌动。

　　不管是那名安检员，还是那名空乘，抑或是那名小伙子，他们虽然平凡，但他们的那一丝善意却使我感到温暖。

赵彤晞

乐于助人的老奶奶

　　我们有一位邻居,她是一位老奶奶。虽然她已经很老了,但我们每天都能看见她脸上带着微笑。她在碰到邻居时还会打招呼,不像别的邻居,把我们当空气,招呼也不打就走了。

　　这位老奶奶个子不高,如果真要我说——她的个子比我矮一点儿。她虽然说很老了,但是精神很好,也没有生病,身体很健康,行动很敏捷,不过满脸是皱纹了,微笑起来的时候更多。她的眼睛小小的,笑起来只有一根线这么小,但看上去很有精神。她的鼻子挺挺的,比我的鼻子可好看多了,我的鼻子是一个金字塔。她的嘴巴是粉红色的,上面也有很多皱纹。她不像别的老奶奶一样,大声说话,相反,她很安静,但看见我们了还是会轻声打招呼。什么,你问我为什么有这么多老年人,因为这个小区已经是二十多年前建的老小区了,连房子上的砖都掉了。

　　虽然说她很老了,但她很乐于助人。有一次刮大风了,我和妈妈赶紧开车回家。天气预报说要下大雨了,我们本来在超市买东西,一看雷公公的脸色不对了,就像刚才说的一样,急急忙忙地开车赶回家。到了家里,妈妈顾不上我了,因为被子就在阳台上晒阳光浴,不知道怎么样了。妈妈用出了吃奶的力气三步三步往台阶上走,不一会儿就到了阳台,我大声说:"妈妈,您等等我呀,我是变成了空气还是隐形人啦?"我打开了"超级"飞毛腿模式,到了阳台上,只听见妈妈大叫一声,表情激动地说:"被子掉下去了!"

这时,我听见好像有人在"咚咚咚"地敲门,于是便告诉了妈妈。妈妈心里还在想被子的事儿,打发我去开门,我把门打开后发现是那位邻居老奶奶,她笑着把竹竿给了我,说:"你妈妈喊的声音太大了,被我听见了,我这儿刚好有竹竿,借你们用用吧。"我把妈妈叫了下来,和她复述了一遍,妈妈谢过老奶奶后,请老奶奶和我们一起拿着竹竿找被子。我自告奋勇地拿起竹竿,竹竿太长了,下楼时竹竿几次撞到了楼梯上,给楼梯留下了"漂亮"的印子。在房子边上有条小河,我们走到桥上,看了一下,发现没有被子。她们就叫我一个人守在那儿,发现有被子被水流冲过来时就拦住,因为过了桥就是大河了,没法找了。妈妈在小河边找。老奶奶拿着竹竿,等我或妈妈"一声令下",就跑过去挑被子。突然,我发现了一个黄白色的东西,于是大叫一声:"有被子,有被子,有……"老奶奶和妈妈跑了过来,这时被子已经漂到了桥底,老奶奶眼疾手快,用竹竿压住被子,让被子往下沉,别看老奶奶老,力气可不小呢,然后再把被子向后一挑、一钩,被子就被拿了起来,老奶奶还帮我们一起把被子抬回了家。

这就是我的邻居——一个乐于助人的老奶奶。

成长的快乐

以前，我养过一只贵宾犬，它的名字叫斑点。

斑点的毛是灰色的，只有脖子那里有一簇白色的毛。妈妈说脖子上长白毛的贵宾犬卖不出好价钱，不过我觉得斑点挺可爱的。斑点的腿短短的，像一只狗中侏儒，不过斑点的全家都是短腿，就像德国的小矮马一样。斑点的尾巴很短，听妈妈说："贵宾犬和柯基犬一样都是要剪尾巴的，一是为了好看，二是为了它们好。"斑点的身子不瘦也不肥，脸圆圆的，摸上去软软的，像一个解压球。斑点的眼睛大大的、水汪汪的，眼珠子黑黑的，不像我家的猫咪抱抱，眼睛是五颜六色的。斑点的鼻子黑黑的，摸上去很硬。斑点的嘴巴很小，但是一吃起东西来，可是张得很大的。

妈妈说过，斑点有一个姐姐，比它聪明得多。它的姐姐被别人拿走了——它是一窝里最笨的，刚好被我们拿了过来。斑点很笨。以前，我们把它从狗笼子里放出来时，它就会很高兴地一直摇着它那短小的尾巴；我们给它零食的时候，它就会听我们的指令坐下。以前我们叫它坐下它就坐下，现在不知为什么，它却把坐下理解成了躺下，我们还以为是斑点的脚坏掉了呢。斑点特别高兴的时候，在坐下时就会漏几滴尿出来,不知道是不是斑点的屁股出了问题。妈妈却说,以前我的好朋友腾云的妈妈养过一只狗,也是高兴了就尿。她说这种狗狗就是笨狗,智商很低。难怪斑点会把坐下理解成躺下呢。

　　刚拿到斑点的那一天,我们看见斑点的身上有灰白色的斑点,于是我们就给它取了一个名字叫斑点。那时,只要我们拍拍手,斑点就会过来,现在的斑点就听不懂了。斑点还非常贪吃,一看见食物就两眼放光,像一个小灯——虽然这样不科学。斑点一看见我就摇尾巴,因为我每次过去都会给它好吃的东西。斑点每次看到我们手上的食物就会围着沙发绕圈,爪子不停地抓着沙发,表示它想要上来。抱抱的弹跳能力可比斑点好多了,斑点也不会跳起来,不会像抱抱那样向我们撒娇,斑点只会摇尾巴,并且把坐下理解成躺下。每次给斑点这样的“吃货”狗喂食,都会惹得我们连连发笑。

　　和斑点相处的时光是我童年时期的一段美好的回忆,在我的成长道路上使我快乐,不过它现在已经被妈妈送走了,因为妈妈觉得斑点会影响我的学习。

温柔的妈妈

　　我的妈妈非常温柔,像春天的太阳一样。

　　我的妈妈瘦瘦高高的,留着一头乌黑的短发。她的脸和我一样,很小,脸上有一双弯弯的眉毛、两只带双眼皮的眼睛、高挺的鼻子和一张不大也不小的红红的嘴巴,还有一口洁白的牙齿。

　　有一次,我在考试之前非常认真地复习了要考试的内容与课文,还做了一些试卷,第二天考试时我也非常认真地思考和写题目。但我考试时有些扬扬自得,没有仔细检查。那次的考试并不是非常难,我觉得自己可以考得很好,也觉得可以考过我的两个同桌——小邵和小单。我向妈妈拍着胸脯保证我能考得很好。

　　下午,试卷发下来了。试卷发到我手上以后,我先用手把分数盖住,看了一遍被批改过的题目——竟是"满卷红叉"啊。我又一点一点地把手从盖着的分数上移开,一边移动我的手,一边还在深呼吸,心想:老天爷呀,让我考得好一点吧,天灵灵,地灵灵,太上老君快显灵呐。我看到翻开的第一个数就傻了,一个大大的红字——8,浮现在了我的眼前。我只考了80多分,不可能呀,我认真复习了,而且这次很简单呀。

我又心想:应该是老师给我打错了分数吧,而且我的"满卷红叉"都是只扣了1分、2分的呀。我带着紧张、诧异的心情把第二个数字打开了——9,我只考了89分? 不可能,我又重新把分数算了一遍,是89分没错,可这不可能。等老师讲试卷时我发现:我都是因为马虎、大意而出错了。我怎么和妈妈说呢? 妈妈会不会说我考得不好呀!

放学后,妈妈问我:"你们姚老师把试卷改出来了吗?"我强装镇定,努力不让自己心跳加速,说:"没有呀。"妈妈相信了我。那天晚上妈妈看我书包时发现了那张试卷,我正在刷牙,发现妈妈看见了那张试卷,心中的小兔子就跳得更快更猛了,好像心里也压了一块石头似的。我担心妈妈说我,于是主动走了进去,和妈妈说:"妈妈,我没有说话算数,对不起,我这次没有考好。"妈妈摸了摸我的头说:"没事,你只要下次考好了,并且改正自己的错误就可以了。考试、成绩并不重要,重要的是你认真复习了、努力了就好。"我点了点头。我觉我的得妈妈不像别的妈妈一样对孩子指手画脚,而是认为只要我认真复习了、继续努力就好。

这就是我温柔的妈妈,她很少生气。

诚信伴我成长

　　俗话说："人而无信，不知其可也。"在一次考试中，我就做到了诚信。

　　这要从那次考试说起。那次考试时我很认真地答题，做好了之后又很认真地一遍一遍检查着题目，觉得已经没有错误后自信满满地交了试卷，还觉得自己能得高分。试卷发下来后我很高兴，心情非常激动，因为我考得还不错，考了97.5分。不过，在老师讲试卷的过程中我发现，"看图片写童话故事"——也就是写童话的名字时我把《灰姑娘》写成了《海的女儿》，因为我看到图画旁边有一些圆圆的图形，像一个个小球，我在考试时还以为是海的女儿变成了泡泡的时候，后来再看才知道原来是可怜的灰姑娘在洗衣服呢。这时，我的同桌老邱看了过来，因为每次考试卷发下来时他都要把我的试卷检查一遍，查找错题，弄得我紧张得要死，每次都把试卷放起来或者躲着他。当然这次也一样，就像刚才所说的，他又看了过来，我连忙把试卷放了起来，面部比以前更紧张，担心被老邱看出来。

　　老邱经验丰富，毕竟我二三年级数学期末试卷上改错的地方都是被他找出来的。每次没有等我反应过来，他就拿着我的试卷大叫起来,让别人也来凑热闹,好一起去告诉老师,老邱他自己一个人不敢去。这次他看我这么紧张,就说:"你应该是心中有鬼,让我看看!"又要拿我的试卷,我看不对,于是用语文书把试卷遮住,说:"谁说我心中有鬼啊。"他看我试卷的时候,我赶忙用橡皮遮住错题,老邱看了还是不信,每次都趁我不注意时来看我的试卷,这让我心中的兔子跳得更快了,胸口的石头一直悬挂着,心都快从胸腔里跳出来了。我心想:要不要和老师说呢?不说分数还很好,说了又要扣一分,一点儿都不值呀。不说老邱又要看我的试卷,闹得我心里忐忑不安。

中午吃饭时,我饭都没有怎么吃,一直在想这个问题。拿饭的时候我还告诉老邱,这张试卷不准找碴,他答应了,但这是不是让他更怀疑我了?下午,试卷要打分,因为我们的规矩是同桌先把分数算好,写上扣多少分,下午订正一下再给老师打分。回来后我又想,这样到底能不能行啊?果然,老邱趁我不注意时看了起来,还好他没看到。订正好试卷后,我把试卷放在了傅老师的桌子上,想:傅老师会不会发现有错呢?订正好并且傅老师改好后——我错的那题原封不动,打的还是一个"钩"。我走上讲台去,想和傅老师说这儿改错了。上去了一半,我的勇气又没了,于是假装是去拿纸巾擦鼻涕的,又走了下来。这样弄了好几次后,我终于走上了讲台,告诉傅老师:"傅老师,您把我的分数打高了,还改错了题,请您帮我改掉吧。"傅老师表扬了我,说我很诚实。虽然我的97.5分变成了96.5分,但我还是很高兴。

这次考试,让我觉得诚实比分数更可贵。

听，夏天的声音

春天过去了，炎热的夏天到来了，听，那是夏天的声音。

听，在夏的夜晚，在池塘的草丛边，在村庄的田地里，有着"呱呱呱"的声音，那是青蛙在歌唱。在家里，有着让人烦得要命的"嗡嗡嗡"，那是蚊子振动翅膀，吸到血后在快乐地歌唱。在村庄里，还有很多看门的狗，在门口"汪汪汪"地叫着，好像在说："这天气也太热了吧。"还有只有在村庄里才能看见的萤火虫，虽然以前到处都是，但现在却很少了，萤火虫的黄灯笼一闪一闪的，开关灯时总发出"扑扑"声。还有村庄里仰头就能看到的满天繁星眨眼睛的声音，在人们切西瓜时发出的"扑""扑"声音，用扇子扇风纳凉时的"哗哗"声，孩子们跳水游泳时的水花声和玩耍时的吵闹声和笑声。

在山林里的早晨，鸟儿会在森林里捕虫子，发出微小的"咯咯"砸地的声音，还有鸟儿此起彼伏的歌唱声——"叽叽喳喳""布谷布谷"。清晨五六点时，山林里只有鸟儿在枝头唱歌的声音，过了时间后，蝉也睡醒了，开始，一拨一拨的蝉声，不是连着的，也许，蝉还没有睡醒，没有精神。后来，蝉儿们的精神足了一点儿，发出了"知了，知了"的声音，我听的时候觉得是"飞了，飞了"的声音，到时间过了一大半，它们的精神好了,就会有男高音。男低音的"知——"的声音,一会儿高一会儿低,像合唱团一样。有时候它们叫了一会儿也会休息的,毕竟天气这么热。山林的池塘里荷花开时的"嘭嘭"声、鸭子在水中嬉戏时的划水声和唱歌时的"嘎嘎"声也十分动听。这时,天上打雷了,发出了"隆隆"的声音,好像是雷被什么东西激怒了,在吼叫,还有雨伴着雷声发出淅淅沥沥的"滴滴答答"声,还有鸟儿被雷声吓得飞走时的"扑棱棱"声,还有刮风时让人害怕的"呼呼"声。

听,大海表面上很静,只有小小的"哗哗"声,但如果大海发怒了,那可就不得了了。浪花拍打着海面,"啪啪"的声音真是吓人,海浪滔天,"哗——"大海发怒了,它向人们扑去,像魔鬼扑向人类,想把世界吃掉。小溪在石头中奔跑,还唱着歌,跑得很快,让人追不上了。河没有这么调皮,一直是这样静,没有很大的声音,但也有"哗"的声音。瀑布从天而下,像万马奔腾,往下跑,声音大得很呢。

这就是夏天的声音——大自然的声音。

运动会

四年级的时候,我们学校举行了一次运动会,那一次我真不容易呀。

运动会上我是沙坑跳远和跳高的选手,上午是跳高,下午是沙坑跳远。等了一个多小时,终于轮到我们了,我先是把腿拉了一下,然后又跳了跳,向我的好朋友小汪借了一块巧克力。我们又等了好久,因为高年级同学还没有跳。我用手摸着自己的心脏,"咚咚咚",心脏跳得好快啊,我努力让自己平静下来,调整呼吸,轮到我们了。

我们班有三位同学参赛,我们先轮着试跳三次,我因为过于紧张,第一次助跳和起跳的时候腿软了,没跳过去。傅老师在一边安慰,说:"彤晞,这次跳不好没关系的。"第二、三次试跳,我放松了一点儿,跳得还行,看这局势,我是不行了。我们开始正式跳,我先是助跑了一段距离,把右脚一抬,先落地,左脚跟着过去。我没有让杆子落地,但现在我也不知道那个时候我跳的是几厘米,反正每一段跳三次,到了九十厘米的时候我快不行了,不过第二次勉强跳上去了。杆子升高到了一米,我非常努力了,但是三次杆子都落地了,我得了一个第二名,傅老师奖了我一盘水果和一瓶牛奶,还给我加了分。你问我其他两人去哪了,有奖吗,那就让我来告诉你,她俩早就被淘汰了。

时间过得可真快,到下午了,傅老师不让啦啦队下去看比赛了,只有运动员下去比赛。没有了我们班同学的加油声,我还行吗?我和几个同学一起下去比赛,下午是沙坑跳远比赛,我有点儿激动了,因为我经常练习的是沙坑跳远而不是跳高。跳高我平时也在练,只是学校里没有可以跳高的东西。比赛开始了,我先是助跑,离沙坑很近的地方有一个铁板,我用右脚往铁板上一蹬,跳出去时我的脚又在空中蹬了几下才落地。但是我明明是跳在一个地方,他们却在比我近的地方做了一个记号,也就是说我跳的比做记号的地方远,他们为什么要这样做呢?经过多次跳,我得了一个第一名,是取最高值。我跳了3.09米,她们都只跳了2米多,男生的第一名也没有我强,后来妈妈告诉我:"你是全年段中沙坑跳远最厉害的人,是年段中的佼佼者。

到了领奖的时候,我戴上了那两枚靠自己努力得来的金、银牌。这让我得出了一个道理:没有人能随随便便就成功。

难忘的运动会

"加油,马上就要到终点了,快冲呀。"在鲁迅小学的操场上加油声不绝于耳。他们是在干什么呢？原来是在举行运动会呀。

这一天天气很好,晴空万里,小鸟在枝头婉转歌唱,鱼儿在学校的池塘里欢快地游动着,可我却没心情去看这些,只想着去看小毛同学的一百米跑步比赛。

我来到跑道旁边时运动员已经入场了,没一会儿就排好了队。要开始比赛了,这时我的心里就像揣着一只小兔子,"扑通扑通"地快速跳个不停,我真担心毛同学会跑不过别人,虽然她是"飞毛腿",可是寄宿班又新转来了几名跑步快的同学,小毛真是危险了,我不禁为她捏了一把汗。前面的几组跑完之后就轮到小毛同学了,我很为她紧张,心都提到了嗓子眼。发令员举起了手里的发令枪,装上了子弹,把手慢慢地抬了起来,我的心越跳越快,都要蹦出来了,脚也急得直跺,但是我看到小毛同学泰然自若,丝毫没有紧张之色时,就也不怎么紧张了。跟我一起来看小毛比赛的啦啦队员们都喊了起来:"小毛,加油,你一定行的。"

发令员一声枪响,小毛同学和另外几位同学就率先跑了出去。她全神贯注,直盯着前方的终点奋力向前冲去,把其他同学远远地甩在了后面,和他们拉开了距离,如果是我,一定会往后看。小毛同学不愧是"飞毛腿",小毛同学的妈妈不停地在旁边喊加油,啦啦队的同学们也跟着大叫:小毛必胜。只见毛同学的眼睛像雷达探测器一样盯着终点不放,脚下的步子也不由自主地快了起来,比飞还快,更不用说比武侠书中会轻功的人物快了,武侠书里的人见了她也如同大巫见小巫。其他几位同学急了,拼命追赶小毛同学,可怎么追得上呀,小毛同学是光速,而她们是蜗牛速。眼看就要到终点了,毛同学整个人都看不清了,比奥特曼还快,她牙齿咬着嘴唇,身体向前倾斜,手臂摆得更快了,用力地跨出了比夸父还大的一步,就到了终点。同学们都上去祝贺她成功了,我突然觉得我的背上湿湿的,原来是怕小毛同学输了才冒出的冷汗。

　　等小毛同学的比赛结束了,我又跑去吃小应同学跳高的瓜,只见小应同学先跨了几大步,转眼又变成小碎步,左脚一发力,就跃了起来,右脚也顺势往上一抬,就完美地跳了过去,就像什么事也没有发生似的,轻轻松松,我甚至怀疑他是不是作弊了。我又大概比画了一下杆子的高度,到我腰这里,要是我飞也飞不过去呀! 我们班的同学发出了排山倒海的掌声。

　　不止这两位同学有"神力",我们班是高手如云,比《俗世奇人》里的人物可强上几十倍,而且是各个运动项目的泰斗,独霸一方,谁也别想比过。不过,成功是靠百分之九十九的汗水和百分之一的天赋,成功是不易的。

那一瞬间·我醒悟了

六年级

　　每一个人都有自己的瓶颈期，在你自己看来，那是怎么也突破不了的牢笼，是一张网，束缚你前进的脚步。但是，铁杵也能磨成针，为什么你不能冲破禁锢，冲破让你崩溃的巨网呢？

　　我就是一个遇到过瓶颈期的人，那是在运动会前夕，我觉得自己总能超过上次运动会拿第一名的跳远成绩，可是我练了好几次，就是跳不到，而且还总是踩不到板，这让我闷闷不乐，觉得自己退步了。上次跳沙坑的时候，我六次里还有四次能踩到板呢，这次却只有一两次可以踩到。而且我双休日都跑去学校沙坑练习，逼着自己跳了二十多次，后来连跑到板上的力气都没有了，还是没用。我的心有点架不住了，感觉自己已经到了瓶颈，差不多要到瓶口了，为什么还出不去，反而堵上了呢？我就是拔不开瓶盖，它好像被人牢牢地锁在了瓶口，怎么用力都是徒劳。我越想心越浮躁，心不平气不和，于是摔石头出气。后来我想了想，办法总比困难多，这么急躁有什么用。后来，我练了好久好久，久到自己都记不清时间了，兴趣班上完就跑学校，妈妈开车都开了好几趟，终于，我练成了踩板神功，在六次里至少可以踩板三四次了。

那一瞬间,我张开手,在操场大声地欢呼了起来,空荡荡的教学楼里只有我的欢呼声在回荡,几只鸟儿被我的声音吓得"叽叽喳喳"地飞走了。我的脑袋里想起了自己每次练习时裤子都像是在泥里洗过似的,每次跳完就要换一条裤子穿。每次练完,都是灰头土脸,像是在工地里干了一天的搬砖活一样。不过一切辛苦都是值得的,努力不会白费,只要你突破瓶颈,静下心来,想想自己的问题,然后不停地练啊练,百炼成钢,总有一天你会刀枪不入的。

我蹲在沙坑里,用手把沙子铲起来,弄得尘土飞扬,让人睁不开眼睛,鼻子痒痒的。我的手上盖着一层沙,像戴着一层薄手套似的,显得整个人都是黄白色的。我的裤子上全是沙土,一拍,沙土就会飞起来,弄得手上都是。我的衣服被汗水浸湿了,就像洗过了一样,本来粉色的短袖成了深粉色且贴在我的背上,一阵风吹过来,我抖了一下,鸡皮疙瘩都起来了。风灌进了我的衣服里,但我不觉得冷。我想:我终于拔掉了瓶子上封住我的盖子;推开了牢笼里束缚我的铁门;破开了前进道路上那张挡住我去路的可怕大网。你不用感到害怕,勇敢地往前走,走着走着,就能找到一扇叫成功的大门。密室之门打不开时,只要你一点点去破解,总能走出密室。没有什么事情是做不到的,只要你努力,坚持不懈。掉进巨坑里你要爬出来,坠进巨网里你要挣脱出来,碰到巨兽你要打败它。

　　我终于成功了,现在太阳已经落山了,我看了看天空,它被驼红、蔚蓝、绛紫晕染,这好像是天空送给我的礼物,它是那么美,和教学楼融合在一起。

　　那一瞬间,我醒悟了,只要坚持不懈,一定能成功,汗水换来的是成功,不是虚无。一根竹子,在地下积蓄两三年的力量,到时候就能破土而出,几个月便能长得很高,晚上都能听到它破土拔节的声音。人也一样,差一点就能拔开盖子时,你若放弃了就失败了,如果再努力一下,你就能成功。

不要在意别人的眼光
——《一个文官之死》读后感

　　《一个文官之死》选自契诃夫短篇小说精选。它讲述了一个文官在一次活动中，不小心对着坐在他旁边的将军打了一个喷嚏，于是就一直向他道歉，最后因为觉得将军没原谅他而死了的故事。

　　我觉得没必要这么在意别人的眼光。比如文中的那个文官，他就是这样在意别人的眼光，不就是一件小事嘛，他竟然还跑到将军家里去道歉，让将军觉得烦了。文官还以为是因为他道歉不到位，将军对他有意见。

　　去做自己想做的事情就好了，别人怎么看和你一点关系都没有，不要因为别人的眼光而放弃梦想。梦想在远方，不要因为前面有一堵墙就不动了，你要打破它。别人是别人，你是你，不是所有的事都是别人对，自己错。世界上的很多结论不就是一次次地被打破，一次次地被改变，一次次地让人们的认知改变吗？特别在意别人的眼光就成了别人的人，不是你自己了，按照别人的思想去做，在别人眼里你的错会越来越多，别人的意见会越来越大，还不如做你自己，去拼搏、去奋斗，向目标前进。但也不能只按自己的步子向前走，这样你会迷路,迷失自我,你不知道自己在哪儿,处于什么位置。所以也要虚心听别人指路,这样你才可以到达终点——一个叫成功的地方,它离你并不遥远,但也并不近,不是马上就能到达的,避开不利的坑,你就可以到达。像故事里的文官,他太在意自己在别人心中的形象了,而不能"听懂"将军发怒的原因,他单纯地以为将军是因为他在活动上的失礼而生气的,会错了意。

这让我想到了哥白尼,他不在乎教会的眼光,一直坚持自己的观点。因为教会让所有人觉得是上帝创造了人类,地球是宇宙的中心,所有天体均绕着地球转。但是哥白尼不相信地球是从浩瀚的宇宙里脱颖而出,成了一颗耀眼的启明星。他不相信这些,也不在意别人的眼光,他就认定了太阳是宇宙的中心。因为遭教会压迫而完不成的《天体运行论》,在他生命的最后一刻才得以发表,不相信日心说的人们也开始选择相信他。

这正是哥白尼不在意别人的眼光,而选择相信自己的结果。如果在研究日心说时改变看法,重新相信地心说,不相信自己,就没有一次次被推翻的结论。不可能一切都是对的,当所有人都选择相信时,那不一定是真的,需要你去证明它的不对。别人选择不相信,对你有看法,你又有什么好在乎的。那个文官就是这样,一点小事就这么在意,最后因为这件事,道完歉后回家却还是担心而大叫一声死了,多不值得呀。

　　别人的眼光不一定对,要相信自己,不然你会永远停留在原地。

秋日·黄昏·桂

夕阳西下，一丝丝金黄爬满了街道与房子，人们都忙着赶回家，却没有注意到黄昏已经来临，天空全被染红了。

天与云与落日，像被人调了色似的，混在了一起。日落的红色蔓延到了四处，染成了一种形容不出的美。余晖很柔和，抚慰着一切，它并没有像人们一样着急，而是华丽地登场，又优雅地谢幕，丝毫没有一点紧张，反而让人心情大好，让低着头走路的人觉得很舒服——只要他们抬头看，世界的一切都是美的。渐渐地，太阳光不再那么强烈了，暗淡了下去，退场也要从容不迫，光线慢慢地又缩了点回来，但那情调还是不变——是一幅有些抽象的油彩画，画家在火红的夕阳中添了几笔暗红，让人觉得夕阳的工作就要结束了。就在大家认为夕阳快散场的时候，插曲来了，像音乐会的音乐已经弱了下去，已经几乎听不见了，突然，惊雷炸响，让几乎没有生机的音乐充满了活力，人们刚要离场，看到还有节目，又坐回了座位上。

一阵淡淡的幽香飘来，是桂花。阳光快要退场时照在了它的身上，像昏暗的房间里打来了一束光，虽然只有一束，却格外醒目、耀眼，让人情不自禁地往它身上看去。本来橙黄色的桂花更红了,更鲜艳了,一朵朵小小的桂花,却有无限的芳香。一阵风吹来,桂花飘落了一些,它们像一个个美丽的舞者,跳着美丽动人的芭蕾舞,踮着脚尖,转着圈,降落、降落,它们像秋的信使,向世界传递秋的信息。秋将过,桂花不减香。又一阵风吹来,桂花香味扑鼻、沁人心脾,天然的香气,不需要提取,是自然的。秋天香气的代表——桂花,怎么可以不香呢!它们跳着、舞蹈着,虽然它们不像夕阳落山时那样从容不迫,它们是一阵风,稍纵即逝,但是它们不减优雅。一个美丽的舞者,台上一分钟,台下十年功,为了最后的那一刻,它努力开放,努力成长——终于等来了,虽然时间很短,但是它不后悔,反而很高兴。桂花,没了风的助力,落了。很快,第二天,枯萎了。虽然没有人在意,但是它绽放了自己,绽放了自己的光彩,这让不醒目成为耀眼。一阵清香再次传来,一朵桂花,经历了那么多,就像人生的缩影,去努力,去实现吧!人如桂花,努力不会白费。再看桂花,就不同了,人生也被看得不同了。

秋日黄昏处处是美,只是你没有用心观察,没有细细品味,黄昏是一天结束的报告,桂花是人生的缩影。这些,都说明美无处不在,它们说明一切总有绽放、美丽的时候,只是,你还没有等到。

立　春

　　立春,是春天的一种态度,是冲破一切的节气,是一幅美丽的风景画。

　　公园里的春天是那么的美好,大多数的植物或是从土地里探出了脑袋,或是抽出了新芽,或是疯狂生长。这里的植物都是破冰而生,破土而生,破自己而生的。它们冲破一切阻碍它们的,一切保护它们的,努力向上生长。看看那从墙缝里钻出来的小草吧,虽然弱小,却充满力量,努力生长,牢固自己的根基,能让自己在暴风雨中成长。虽然摇摇欲坠,但是它也没有放弃自己的执念,依旧在狂风大作的环境下长成一棵茁壮的小草,让自己开花、结果,是它最好的选择。公园里的柳树抽出了新芽,原本枯黄的柳叶随风翩翩起舞,跳完一曲,风一走,它就优雅落下。随着枯柳叶的掉落,新柳叶长了起来,看起来那么弱不禁风,但是它也在努力生长。你看,立春是多么的生机勃勃,百鸟齐鸣,百花齐放。立春还留有一些冬日的寒冷,北风"呼,呼"地吹着,有些刺骨,像是和你在玩捉迷藏,你看不到它,捉不到它。风慢慢地累了,虽然立春留有冬天的余温,冬天也有些不情不愿就这么从季节的舞台上下去,就此退场,等待漫长的一年才能再次登场,可是随着温度的升高,植物的发芽,动物的不再冬眠,我们能知道一个事实:春天真的来了!

春天来了,雨是春天的春雨,雷是春天的春雷,就连公园里也充斥着春天的味道。多么美丽的一道风景呀,让人情不自禁地就想抚摸这朝气蓬勃的春天,去观察它,看着一切事物焕然一新,友好地和你打一声招呼。立春就像是一个年轻人,对世界万物都充满好奇,它一来,万象更新。但是它的脾气有点大,经常打雷下雨,本来好好的蓝天,却突然皱起了眉毛,脸色发黑。它生气了,雨就往下灌;它发怒了,雷就一直打,直到它精疲力竭才肯停下来。不过这是万物生长的最好时期,你细心听,就能听到竹笋生长时那欢快活泼的欢呼声,一夜之间,长高了十几厘米。雨是甘露,滋润它的甘露,它欢快地饮用着,仿佛喝不完似的,不亦乐乎,不停生长。这时冬的皮夹克已然褪去,春天的万物覆盖住了它。万物生长在于春天,那是植物长得最快的时候,努力向上生长,才是它们的使命。因为你不生长,在植物茂密的地方别的植物就会挡住你的阳光。植物是这样的,人何尝不是这样的呢?

春天的美丽到处都有,只是等待着你的发现,细细观察,处处皆学问。青少年时期,就像立春一样,是最需努力的时候,"少壮不努力,老大徒伤悲""莫等闲,白了少年头,空悲切""门前流水尚能西,休将白发唱黄鸡",这些诗句不都是在告诉我们要向立春的万事万物学习吗？植物努力生长，人在青少年时期努力学习。立春，是二十四节气里最好的时节，成长，努力向上，是世间万物都应该做的。不努力，如果是植物，就会找不到水源，会看不见阳光（被别的植物遮住），最后枯死。人也是这样，不学习，学不到知识，吸收不到养分，会后悔，一辈子就被自己毁了，多可惜呀。植物都这样努力，何况是人呢？没有人能帮你一辈子，你只能靠自己走，搬开身前的绊脚石，挖平前面的山，站起来奔跑。没有人可以不努力就成功，天上没有掉下来的馅饼，人生就要努力。人的一生，努力了，即使没有成功，也至少努力了，没有白过。躺平、摆烂，当人有什么意义？人来到这世界是要有意义的，植物的意义在于生长，人生的意义要自己去寻找。可能像余华小说里所说的，为活着本身而活，但也要自己去体会。

立春，是所有节气里面最美丽的一道风景。万物在立春破土，努力生长，它代表着生机。人如果在青少年时期努力，会像立春的万物一样，绽放出生命的光彩。

开在记忆深处的花朵

白驹过隙,时间走得很快,时间如同流水一样一去不复返。但是,总有某些东西被刻在石头上,风吹过,只能抹平它的棱角,但不能让它消逝。

就像那次运动会一样,让我难以忘怀。随着我们班小毛同学的脚骨折,好多同学练习时肌肉拉伤,导致不能比赛,大部分运动员都没有了赢的信心,我也被这种情绪传染了,不是很自信,总觉得练习的时候脚不舒服,还想让妈妈跟老师说这次比赛我也不能参加了。这种情绪很消极,让班里的每个人都觉得小学最后一次运动会不能画上圆满的句号。

比赛当天,虽然起初阳光很温柔,撕开了遮挡着它的云朵,慢慢探出脑袋。但是随着大片乌云的出现,太阳虽然还挂在天空上,但是就像躲在舞台的帷幕后面似的,不肯露出脸来,非要来和你玩捉迷藏。天空的脸色越来越不好,变得灰蒙蒙,扑朔迷离的,让人看着有点神秘。太阳索性不躲了,来了个提前下班,先回家去了,天空上只留下孤独的乌云,如同一块灰色的面纱,凸显出天空的神秘。

我的心情亦是如此,早上还是挺期待这场比赛的,可是到了后来,可能是因为大家都太紧张了,上午又有不少人说自己腿痛、拉伤,被迫退赛。一些好的运动员都被换成了体育不好的人,我觉得我们班就是被倒霉一直追着跑,怎么甩也甩不掉。我的心情也和天空变脸一样差了下来,心里像是有什么东西一直往下坠,周围都是黑暗的,没有一点灯光,不管你怎么喊叫、求救都无济于事,我越想越觉得自己被恐惧包裹着,像一只被蚕丝包裹的茧,努力挣脱丝的束缚,有一丝存活的希望,就要抓住、冲破。但是我还是有一点赢的信心的,黑暗里总是还有光的,虽然只有那微弱的一点,就像一只萤火虫在黑夜里发出的光,微小,但是足以照亮前面未知的道路。

很快,就到了比赛的时候,我的心紧张得都快要从嗓子眼里跳出来了,马上就要到我了,我脱掉外套之后,一股寒冷袭来,夹带着一点寒风和一大堆未知恐惧,不知道是在抵触比赛,还是身体本能的应激反应。还好旁边有小吴同学安慰我,我的心总算没有跳出来,到我了,我双手在两臂上揉搓了揉搓,好像是在安慰自己,也好像是下意识让自己温暖一下。我往前方奔去,离沙坑越来越近,像盲目的人往未知名的黑暗中跑去,离光源越来越近,希望擦出了火花。我一步腾空,踩上了踏板,像一只自由的飞鸟,在天空中翱翔。我心里什么都不再想了,只有放飞了的感觉。其实,让自己轻松、不紧张,并没有这么难呀,我像一只蓝色的鲸鱼,飞跃出海面、地平线,迎着初阳,翻身,跃入大海,那一刻是那么的惊艳。此刻,我落到了地上,裁判告诉我,我一毫不差地踩到了板上,傅老师在一旁热烈地鼓着掌。

其实,你在面对困境的时候,要撞破束缚你的枷锁、关住你的牢笼,自由飞翔。有时候,情绪是会传播的,但是,只要你追着光,就没有必要再去惧怕黑夜与失败。恐惧的时候不要迷失,最终的目标是你唯一需要坚持前往的航行的目的地。碧蓝的天空作画布,点缀几点云朵,一只凤凰如彩虹般飞向天空,多么美丽动人的一幅画呀。

那次运动会后来的跳远比赛我不再紧张,并轻轻松松地获得了第一名,我的记忆深处也开出了一朵美丽的花。像银河里的星星,每一颗都是那么耀眼,它迎难而上,绽放出花朵,也绽放出属于它自己的光彩。

家风小故事

　　家风，对于一个人的成长起到至关重要的作用。比如曾国藩教训子孙后代"书蔬鱼猪，早扫考宝"，又比如司马光告诫其子"有德者皆由俭来也""俭以立名，侈以自败"，等等，而我们家的家风就是诚实守信与善良。

　　诚实守信是我们家的其中一个家风。《曾子杀猪》这个小故事想必大家都听说过吧。曾子的儿子在闹脾气，曾子的妻子为哄好儿子，就说："我杀一头猪给你吃，不要哭了。"于是他就不哭了。后来曾子回来了，他的妻子告诉了他这件事情，曾子对他的妻子说："做人要诚实守信，如果你经常这样骗孩子，以后他再发脾气，你哄他，他也不会信你了。"曾子的妻子听了，和他一起杀了一头猪给儿子吃。爸爸妈妈也要求我做到诚实守信，比如有一次我在学校上课时因为没有提前复习，所以不会默写，于是偷偷做了小抄，放在桌子底下，所以得了一百分。其实当时看到自己是一百分时我的心有些空虚，觉得这不是靠自己的努力得来的。我心里的天使让我去告诉老师，并承认自己的错误，但是后来我心里的魔鬼蹦了出来，对我说："你还是不要告诉老师吧，老师会把你骂得狗血淋头，颜面扫地，恨不得自己打个洞钻进地里去。"于是我心里的天使和魔鬼开始了激烈的争斗,最后还是魔鬼占了上风。我就这样回家去了。在车上的时候,我高兴地告诉妈妈我考了一百分,妈妈满脸狐疑地盯着我,我有些心虚了,躲开了她的视线,她没说什么。回到家后,妈妈严肃地问我:"这次默写真的是凭自己的实力来默的吗?"我低下了头,觉得耳根子发红发热,背上的虚汗也悄悄冒了上来。被妈妈教育了之后,我浑身都是汗,也很愧疚,觉得自己不应该这么做。于是第二天,我趁中午的时候告诉了老师这件事情,老师并没有说我,也不像我想象的那样让我写反思,而是语重心长地说:"希望这种错误下次不要犯了,以后默写要靠自己的实力,而不是耍小聪明,要踏实做人,地基实了,楼才能建高,不然地基是空虚的,一下子就会塌掉。"我点了点头,想:我以后一定要诚实守信,守护这个家风。

　　我们家另一个家风就是善良。有一次,我和妈妈去福建旅游,那一天晚上9点多,我和妈妈从夜宵摊回来,在路上碰到了一个满头白发、神色慌张的老奶奶,她向每一个路过的人要钱,还跟他们说自己出来没带钱,坐不了公交。她看见我和妈妈就马上走了过来,用哀求的眼光把前面的话又说了一遍。我皱起了眉头,想起了以前看到的新闻——一个老人就是这样骗别人的钱。于是我想拉着妈妈走,但妈妈却没动,拽了拽我,示意我先停下,然后对那个老奶奶说:"您先等我一会儿,我去找一找旁边有没有便利店,去换点零钱过来。"于是我和妈妈去便利店换了一些零钱,还给那个老奶奶买了一瓶牛奶。老奶奶非常感激我们,不停地对我们说"谢谢"。后来她坐上公交车离开了。我有些疑惑地问妈妈:"我看那个老奶奶是一个骗子,您为什么还要给她钱呀?"妈妈说:"给别人一些力所能及的帮助,有何不可呢?你想想,如果那个人是你,你发现自己没带钱,回不去了,会不会很绝望?有时候,你换位思考一下,就知道了。"对呀,我想我也应该学学妈妈,有一颗善良的心。

诚实守信与善良都是我们家的家风,家风正,则人正。诚实守信做人,比如宋庆龄约好要等朋友,家人叫她去玩她也没去,而是选择诚实守信地在家里等朋友,但是朋友最后却没来。善良做人,给予别人一些自己力所能及的帮助,不是一件好事吗?如果家里的风气好,所有人都会受到影响,变得好起来,所以,有良好的家庭教育环境是很重要的。

我应该继承我们家的家风,做一个诚实守信、善良的人。